森信三運命をひらく365の金言

森信三 著

藤尾秀昭 編

致知出版社

「人生二度なし」
これ人生における最大最深の真理なり。

――森　信三

まえがき

このたび、森信三先生の没後三十周年を記念して、致知出版社から、『森信三 運命をひらく365の金言』が出版されました。

もしあなたが、自分を変えたい、人生を変えたい、運命を変えたいと思っていられるなら、ぜひ本書を読んでください。あなたの中の何かが変わります。

『契縁録』という本があります。昭和四十三年、森先生の『全集』二十五巻完結の記念として、縁あって森先生と相ふれあった人達に、それぞれ森先生に逢うまでの「生」の歴程をまとめたものであります。

この本を森先生は殊のほかお喜びになり、あの世まで持参したい唯一の書とまで仰られました。

そこでは皆さんが、異口同音に、森先生との出逢いによって、「人間復活」「人生開眼」そして「生の充実」に導かれたことを述べておられます。

国民的詩人である坂村真民先生は、「森信三先生こそは二十一世紀の扉をひらく唯《ただ》ひとりのお方です。何となれば、その教えは高さも高いが、裾野が広いがゆえです」と述べておられました。

本来、哲学専攻の学生で、当時の日本哲学界の両巨頭、西晋一郎先生と西田幾多郎先生に学び、在野の思想家にも接し、真理探究に没頭されました。マスコミにも一切近づかず、独自の道を歩まれました。

その人生は、筆舌に尽くし難い幾多の辛酸痛苦を味わわれながらも、日本の教育界に大きな足跡を残されました。

先生の書かれたものは、学問上の哲学書や論文（さすがにこれらは難解です）、一方では啓発的な人生講話や講義体の著書、教養小説風なもの、詩歌や語録など、これが同一人物が書いたのかと思う位です。今回出版された本は、難解な本からの抜粋はせず、先生生涯の教育、啓発、実践のすべてから選ばれています。

その中心理念は、「人生いかに生きるべきか」の真意を、懇切丁寧に教え導いてくださっています。日本は今、重大な転換期にさしかかっています。森先生は哲学の結論として、ものごとは、すべて一長一短ということに帰着するとされ、これをやや理論的、体系的にしたものが「易」の哲学であり、この一言が真にわかれば、宗教に頼らなくても、人間の悩みはすべて解消するとも述べられています。つまり、「世の中に両方よいことはない」という道理が身について、いかなる場合も活用できたら宗教も哲学も不要とまで言われました。

自分の頭で考え、物事の本質や真理を見抜く思考が、今、私達に求められています。混迷の世を生きぬく羅針盤として本書を活読してください。

致知出版社が、森信三語録の決定版として本書を出版して下さり、衷心より感謝申し上げます。

令和四年十月

（一社）実践人の家　参与　浅井周英

推薦の言葉

人類存続、進歩発展に貢献する、全一学

ユーラシア大陸の東端にある特殊な島国日本には当然のごとくユーラシアのあらゆる文化が流れ込んで、日本民族はそれを拒否せずに受け入れて、より高度に混合合成して天は不思議な文明の聖地を創って残してくれていると言えます。

古来の遺跡によりますと、人類は数度異常に発展しましたが、やがて没落して再度石器時代から繰り返して立ち上がり力強く再生しています。現代も科学文明を謳歌《おうか》していますが、あらゆる面で行きづまりを感じるようになりました。

その中で、日本民族は『代表的日本人』を著し、やがて『1日1話、読めば心が熱くなる365人の仕事の教科書』『1日1話、読めば心が熱くなる365人の生き方の教科書』を記録しましたが、それらは過去の古典文献『十八史略』をはるかに超える魂があります。

森信三先生は一生をかけて科学哲学を研鑽《けんさん》極められましたが、後一歩満足しえず二宮尊徳を通して宇宙法則・易理と出逢いされて、やがてそれは「全一学」に結実しました。

森信三先生は両親の離別の為に小作農に貰われてご苦労をされましたが、世の中を支えているのは〝恵まれない人達〟だと体験を通して体得されて、恵まれない人達に限りなく思いを重ねられて農民とか主婦とか等々、私達一人ひとりが独自的な自分自身の判断が出来る事を深く願われました。

今回、その願いの結実の書『森信三 運命をひらく365の金言』が上梓されましたので、皆様と共に宇宙生命の願いと合体して、人類、日本民族、子孫のよりよい存続に貢献して、生かして頂いている感謝、お礼を申し上げたいと切に思います。

令和四年十月

ハガキ道伝道者　坂田道信

凡例

・送り仮名、傍点等を含め、原則的に原文のまま収録しました。
・各日の言葉の末尾に出典を明示しました。
・読みやすいよう、改行を加えた箇所、行間を空けた箇所があります。

1月

1日　真の覚悟
2日　わが信条
3日　学問の根本眼目
4日　真の志
5日　天賦の特質
6日　生き甲斐
7日　人生二度なし
8日　人生正味三十年
9日　人生の二大根本真理
10日　一日の大安眠を得る途
11日　人間形成の三大要素
12日　十年一道を歩む
13日　人生の出発点
14日　死生を超える道
15日　逆境に処する態度
16日　教えの力
17日　真の教育
18日　人生を突走る覚悟
19日　あいさつは自分から
20日　長の心得
21日　時間と人生
22日　人間の真の偉さ
23日　一日読まざれば一日衰える
24日　閃く言葉
25日　主体を立てる
26日　「ハイ」に全人格をこめる
27日　師を持つ
28日　心の師
29日　立腰
30日　道の継承
31日　出逢い

1月1日

真の覚悟

人間は真に覚悟を決めたら、そこから新しい智慧《ちえ》が湧いて、八方塞《ふさが》りと思ったところから一道の血路が開けてくるものです。

――森信三 一日一語

1月2日

わが信条

一　人生二度なし
二　真理は現実の唯中にあり
三　教育とは人生の生き方のタネ蒔きをすることなり
四　教育は流水に文字を書くような果ないわざである
　　だがそれを巌壁に刻むような真剣さで取り組まねばならぬ
五　念々「死」を覚悟してはじめて真の「生」となる

——森信三全集　第二十五巻

1月3日

学問の根本眼目

私は、人生の真の出発は、志を立てることによって始まると考えるものです。古来、真の学問は、立志をもってその根本とすと言われているのも、まったくこの故でしょう。人間はいかに生きるべきであるか、人生をいかに生き貫くべきであるかという一般的真理を、自分自身の上に落として来て、この二度とない人生を、いかに生きるかという根本目標を打ち立てることによって、初めて私達の真の人生は始まると思うのです。このように私は、志を打ち立てるところに、学問の根本眼目があると信じるものです。

その他のすべての事柄は、要するにこの根本が打ち立てられるところに、おのずからにしてできてくるのです。

――修身教授録

1月4日

真の志

真の志とは、自分の心の奥底に潜在しつつ、常にその念頭に現れて、自己を導き、自己を激励するものでなければならぬのです。書物を読んで感心したり、また人から話を聞いて、その時だけ感激しても、しばらくたつとケロリと忘れ去るようでは未だもって真の志というわけにはいかないのです。いやしくも、ひとたび真の志が立つならば、それは事あるごとに、常にわが念頭に現れて、直接間接に、自分の一挙一投足に至るまで、支配するところまでいかねばならぬと思うのです。

――修身教授録

1月5日

天賦の特質

全一学とは、各自がそれぞれ全一的生命から与えられた、二度とくり返えし得ないこの地上の生において、自らに授かった天賦の特質を、いかに発揮し実現すべきかをまなぶ学といってよい。

――全一学ノート

1月6日

生き甲斐

「生き甲斐のある人生の生き方」とはどういうのかと考えますと、結局それは、
（一）自分の天分をできるだけ十分に発揮し実現すること、
（二）今ひとつは、人のために尽くす
というこの二か条で一応は十分と言えるでありましょう。

――森信三小伝

1月7日

人生二度なし

皆さん‼　わたくしたちのこの人生は、ただ一回だけのものでありまして、二度と繰《く》り返すことのできないものであります。そしてこのことは、人から言われた時とか、あるいは書物に書かれているのを読んだりした際には、どんな人でも「確かにそれに違いない」と思うでしょうが、しかしその感動の永続する人は少なく、いつの間にやら忘れ去って、この自分の一生が、まるでいつまでも無限に続くものでであるかに考えて、ついウカウカと過ごしやすいのが、われわれ凡人の常であります。

このようにわれわれ人間の一生は、そんなに無限に生きられるものではなく、ひと度死んでしまえば「もう一度やり直す」ということは、尽未来際《じんみらいざい》、絶対に不可能でありまして、それはちょうど、書道の練習に際して、清書用の紙が一枚しか渡されない場合と同様であります。

――10代のための人間学

1月
8日

人生正味三十年

人間の一生は、相当長く見積ってみても、まず七十歳前後というところでしょうが、しかしその人の真に活動する正味ということになると、まず三十年そこそこのものと思わねばならぬでしょう。一口に三十年と言えば短いようですが、しかし三十年たつと、現在青年の諸君たちも五十近い年頃になる。その頃になると、諸君らの長女は、もうお嫁入りの年頃になるわけです。

道元禅師は「某《それがし》は坐禅を三十年余りしたにすぎない」と言うておられますが、これは考えてみれば、実に大した言葉だと思うのです。本当に人生を生き抜くこと三十年に及ぶということは、人間として実に大したことと言ってよいのです。そこで諸君たちも、この二度とない一生を、真に人生の意義に徹して生きるということになると、その正味は一応まず、三十年そこそこと考えてよいかと思うのです。

――修身教授録

1月9日

人生の二大根本真理

この「人生というものは二度とくり返し得ないものだ」ということと、もう一つは、われわれ人間は、いつ死なねばならぬかわからぬという、人生に関するこの二大根本真理が、心の底でガッチリと切り結ぶようになると、そこからして初めて「今日」という一日が、いかに大切かということがわかり出すわけです。

そして、この二度とない人生を真に充実して生きるといっても、結局突きつめた最後は、「今日」というこの一日を、いかに充実して生きるか、という努力のほかないわけです。それをさらに突きつめれば、「今日の予定は断じて仕上げて明日にのばさぬ人間に‼」

というほかないことになりましょう。

――10代のための人間学

1月10日

一日の大安眠を得る途

一日の予定を完了しないで、明日に残して寝るということは、畢竟《ひっきょう》人生の最後においても、多くの思いを残して死ぬということです。つまりそういうことを一生続けていたんでは、真の大往生はできないわけです。

真の大往生を遂げようとすれば、まず今日一日の大安眠を得なければならぬでしょう。ところが、今日一日の大安眠を得る途は外にはなくて、ただ今日一日の予定の仕事を仕上げて、絶対に明日に残さぬということです。

――修身教授録

1月11日

人間形成の三大要素

人が自分を内省して、少しでも自分の真実の姿を求めるようになるには、まず道を知るということと、次には苦労するという、この二つのことが大切だと思うのです。

すなわち人間は、道すなわち教えというものに出合わないことには、容易に自分を反省するようにはならないものです。しかしながら、人間が深く自己の姿を顧みるには、どうしても人生の現実に突き当たらねばならぬわけです。

言い換えれば、人生の苦労をなめることが必要でしょう。すなわち、単に道を聞いたり本を読んだりしているだけでは、教えはなお向こう側に掲げられた図式にとどまって、未だ真に自分の姿を照らして、その心の悩みを消し去るほどの力を持つに至らないわけです。

かくして人間は、その人の生まれつき、すなわち先天的な素質と、道または教えと、もう一つ人生の苦労というこの三つは、人間のでき上がるうえに、欠くべからざる三大要素と言えましょう。

――修身教授録

1月12日

十年一道を歩む

世には、十年一筋の一道を歩む人は少ない。ましてや二十年、三十年、一筋の道を歩き通す人は稀《まれ》である。恐らく百人中、二、三人しかあるまい。いわんや、五十年一道を歩むに至っては、千人中二、三人が危うかろう。しかしそれには、さし当たり十年一道をあゆむ。さすれば一応の土台はできる。九十九人が川の向う岸で騒いでいても、自分一人は志した道を歩くだけの覚悟がなくてはならぬ。

——森信三訓言集

1月13日

人生の出発点

「死生の問題」などと言いますと、諸君らのような若い人は、自分らのような若い者には、そんなことは縁遠いことだと思われるかも知れません。しかし私は必ずしもそうとは思わないのです。と申しますのも、われわれ人間は、死というものの意味を考え、死に対して自分の心の腰が決まってきた時、そこに初めてその人の真の人生は出発すると思うからです。

したがってこれを逆に申せば、未だ死について何らの考えもなく、死に対して腰の決まらないうちは、その人生は、いまだ真実とは言えないと言ってよいでしょう。

すなわちそれはただ起きたり寝たり、食ったり息したりというだけで、その人の真の人生は、まだ始まっているとは言えないわけです。

――修身教授録

1月14日

死生を超える道

偉大な人の生命の誠は、肉体の死んだ後にもその威力を失わないのであります。否、肉体が解体すると、かえってその人の誠は、自在にその威力を発揮してくるとも言えましょう。何となれば、もはや、その人から肉体というおおいが取り除かれるからであります。

こう考えてきますと、死生の悟りと言っても別にはなくて、お互いにこの生ある間を、真に生命がけで生き切るという外ないわけであります。これ先に生に徹することが、やがてまた死生を超える道だと申したゆえんであります。われわれが肉体をもって生まれてきた以上、どうせいつかは死なねばならぬのであります。そして死ぬとは結局、生まれる以前の故郷へ帰ることでありましょう。

ですからわれわれは、この世にある間は、自分の全力を挙げてこの世の務めを尽くす。これやがて、安んじてこの世を去る唯一の秘訣でありましょう。いざという時に心残りのない道、これ真に安んじて死に得る唯一の道であります。

——修身教授録

1月15日

逆境に処する態度

逆境に対処するには、われわれは一たい如何なる心がけが必要であろうか。

それに対してわたくしに忘れられないのは、「隠岐《おき》の聖者」永海佐一郎《ながみさいちろう》博士のいわれる「幸福は最初は不幸の形をして現われるのがつねである」というコトバであって、わたくしは、これほど端的に、しかも深い真理を語られた人は少ないではないかと思うのである。そしてそれは、博士ご自身が、その数奇な生涯を通して、幾たびとなくこの真理を身証、体認せられたが故だと思うのである。

ところで如上博士のコトバの意味するところを、普通の一般的な叙述にすれば、ほぼ次のようになるであろう。即ちわれわれ人間が、不幸に対処する態度としては、不幸を回避しようとしないで、あくまでそれに耐え抜くことによって、やがてそこには、全く思いも設けなかったような大きな幸福が与えられるということであって、このことの示す真理性については、わたくし自身もその永い生涯の上に、これを身証体認してきたといってよいのである。

即ちわたくし自身の生涯をかえりみても、この永海博士の語られるコトバのもつ真理性は、一度として例外のないまでに、その深い真理性は実証せられているのであって、ここにわれわれは、われわれ人間がこの世において出逢うもろもろの不幸や逆境に対処する態度を教えられるわけである。

——若き友への人生論

1月16日

教えの力

平素の種子まきがなければ、人は逆境に出合ったからとて、にわかに真剣に道を求めるなどというようなことは、まずはあり得ぬことと言ってよいでしょう。そこで結局は、平生の種子まきが根本になるわけです。そこで、結局こういうことになりましょう。つまり同じく苦労しながらも、その人の平生の心がけのいかんによって、そこにはまったく相反する結果が現れるということです。

すなわち一方には、苦労したために人間の甘さとお目出たさはなくなったが、同時にそのために冷たい人間となり、えぐい人間となる場合と、今一つは、苦労したために、かえって他人の不幸に対しても、心から同情のできるような心の柔らかさや、うるおいの出る場合とです。そしてそれは結局、平素真の教えを聞いているか否かによって、分かれると言えましょう。

すなわち同じく苦労しても、教えの有無によって、まったく正反対の人間ができ上がることになるわけです。教えの力というものが、いかに偉大なものかということを、改めて考えざるを得ないしだいです。

——修身教授録

1月17日

真の教育

真の教育は、
相手をして生々発展させるものでなければならぬ。
教育によって萎縮するようではいけない。
学校は色々の角度から
——諸教科目を通して——
根本の一事を学ぶ処である。
そしてそれは結局人間としての生き方である。

——森信三訓言集

1月18日

人生を突走る覚悟

真の教育というものは、単に教科書を型通りに授けるだけにとどまらないで、すすんで相手の眠っている魂をゆり動かし、これを呼び醒ますところまで行かねばならぬのです。すなわち、それまではただぼんやりと過ごしてきた生徒が、はっきりと心の眼を見ひらいて、足どり確かに、自分の道を歩み出すという現象が行って来なくてはならないのです。

しかしながら、このように相手の魂をその根本から揺り動かして目を醒ますためには、どうしてもまず教師その人に、それだけの信念の力がなければならぬでしょう。すなわち生徒たちがその眠りから覚めて、自ら起って自分の道を歩み出すためには、まず教師自身が、全力を挙げて自分の道を歩まねばならぬでしょう。

――修身教授録

1月19日

あいさつは自分から

まずさしあたって申したいことは、「朝晩のあいさつだけは必ず自分の方から先にする」ということでしょう。そしてこれはひとり自分より年上の者に対してばかりでなく、自分と一緒に入った同年配の者に対しても、否、さらには自分より後から入ってきた年下の者に対してまで、常に自分の方から先に、あいさつするようであってほしいと思います。

それというのも、この朝のあいさつというものは、難しく申せば、お互いの人間関係を正しい軌道に乗せる作業だといってよいからであります。したがってこれは、わたくしたちの一日の暮らしの上で、一切の事柄に先行する大事な心がけだといってよいでしょう。とくに自分より年下の人々に対しても、こちらから先にあいさつができたとしたら、その人はもうその一事をもってしても、他日「人に長たるの器《うつわ》」だといえようかと思います。何となれば、人は自分ひとりでやれることは、たかのしれたものでありまして、結局は、多くの人々の協力を得なければならぬからです。

——人生二度なし

1月20日

長の心得

人に長たる者としては単に自分一人が誠実というだけでなく、
多くの人々を容《い》れるだけの度量の広さとともに、
さらに、一旦、事が起こった場合には
身をもって部下をかばうだけの一片の侠気ともいうべきものがなくてはならぬと思うわけです。

——致知（1988年5月号）

1月21日

時間と人生

「時間と人生」という問題について、一番大事な点は何かというに、それは人間は、その人がどれほど時間を生かしているか否かが、その人の人間としての真の値打ちだということです。これは言い換えれば、一日はすべての人にとって二十四時間であるが、しかしその二十四時間という時間を、どれほど有効にかつ充実して生かすかどうかが、その人の真の人間としての値打ちだということです。そしてこのことは、とくに学歴に恵まれてない人々が、骨に刻んで知っていなければならぬことです。

すなわち学歴に恵まれない人々は、「時間をどこまで生かし切るか」ということによって、学歴のある人々に対抗し、それをもって、自分の一路をひらく、唯一の「カギ」とすべきだということです。否それは、単なる「カギ」という程度のなまやさしいものではなく、ほとんど唯一の「白刃《はくじん》」といってよいと思います。

――人生二度なし

1月22日

人間の真の偉さ

人間の真の偉さというものは、その人が自分のすぎさった過去を、現在もどの程度忘れずにいて、これを生かしているか否か、ということによって、決まるとも言えましょう。言い換えれば、自分がこれまでたどって来た、あらゆる段階で経験した事柄を、少しも忘れずに、現在それぞれの段階にある人々に対して、十分な察しと思いやりのできるということが、すなわちその人の人生内容の深さと、豊かさとを語るわけであって、すなわちまたその人の偉さを示すわけでしょう。

したがって真に偉大な人格というものは、決して自分自身を、偉大であるなどとは思わないでしょう。何となれば、現在自分のなめている苦しみを、単に自分一人だけのものとは思わず、世の多くの人々が、自分と同様にこのような苦しみをなめていることを深く知っているからです。すなわち真に偉大な人というものは、つねに自分もまた人生の苦悩の大海の裡に浮沈している、凡夫人の一人にすぎないという自覚に立っているのです。

――修身教授録

1月23日

一日読まざれば一日衰える

読書はわれわれ人間にとっては心の養分ですから、一日読書を廃したら、それだけ真の自己はへたばるものと思わねばなりません。肉体の食物は一日はおろか、たとえ一食でもこれを欠いたら、ひもじい思いをするわけですが、心の養分としての読書となると、人々はさまで考えないでいるようですが、諸君らの実際はどうでしょうか。

これは諸君らが、今日自分は心の食物として、果たして何をとったかと反省してみれば、だれだってすぐに分かることです。口先ばかりで、心だの精神だのと言ってみても、その食物に思い至らぬようでは、単なる空語にしかすぎません。その無力なことも、むべなるかなと言うべきでしょう。

そこで諸君は、差し当たってまず「一日読まざれば一日衰える」と覚悟されるがよいでしょう。

——修身教授録

1月24日

閃く言葉

書を読むには必ず閃《ひらめ》く言葉に注意すべし。
閃く言葉とは、著者の心血の結晶なればなり。
故に良書といわれる書ほど、この閃く言葉を蔵す。
之等を手掛りとして味わっていれば、やがては全体の分かる時も来るものなり。

――下学雑話

1月25日

主体を立てる

「一剣を持して起《た》つ」という境涯に到って、
人は初めて真に卓立して、
絶対の主体が立つ。
甘え心やもたれ心のある限り、
とうていそこには到り得ない。

——森信三一日一語

1月26日

「ハイ」に全人格をこめる

あなた方はこの「ハイ」という一語が一体どれほど深い意味を持っているか、というようなことは、平素あまり考えていないかもしれません。しかしわたくしの考えでは、人間の人柄というものは、大体その人が、他人《ひと》から呼ばれた際のこの「ハイ」という返事の仕方一つで、大体の見当はつくかと思うのです。それと申すのも、その人の名前を呼ぶということが、その人の全人格に対する呼び掛けであるように、これに対する「ハイ」という返事も、なるほど言葉としては、ただの一言ですけれど、これまた、全人格の発露でなくてはならぬわけであります。

実際人間の第一印象は、返事の仕方いかんによって決まるといってもよいわけです。それゆえこれまではとにかくとして、これからは、いつも返事のことをうっかりせず、ぼんやりした返事でなくて、いつもその時その場における自己の全人格をこめた返事をするように努めていただきたいと思います。

――女性のための「修身教授録」

1月27日

師を持つ

われわれ人間が、この二度とない人生を真実に生きようとしたら、なぜ「師」を持たねばならぬのか。それは、われわれ人間は「真理」というものを、単に書物の上で読むだけでは、観念的にしか捉えることが出来ないからです。真に生きた「真理」というものは、これを生み出した人自身によって語られ、さらにはその人が、その体を通して実践せられるのを眼のあたり見るのでなければ、真の趣は分かり難いからです。

かくしてわたくしどもにとっては、生きた真実の「真理」というものは、「師」を通して初めて身に沁《し》みて分かるわけであります。

——女人開眼抄

1月28日

心の師

自分の一生の目標を何と立てるかということも、結局はその人が、師の人格に照らされて初めて見出されるものであって、人間は師をはなれては、生涯の真の目標も立たないと言ってよいでしょう。

またいかなる書物を愛読するかということも、結局は師の教えの光に照らされて、おのずから見えて来ることでしょう。またその人の過去の来歴というようなことも、その人が自分の師を発見しない間は、いろいろと彷徨《ほうこう》して迂余《うよ》曲折《きょくせつ》もありましょうが、一たび心の師が定まった以上は、迷いもおのずから少なくなり、また自分一人では決し得ないような大問題については、師の指図を仰いで身を処しますから、結局大したつまずきもなくなるわけです。

——修身教授録

1月29日

立腰

私の今日あるは立腰《りつよう》というのを貫いてきたおかげですよ。私は十五の少年の頃、縁あって岡田式静坐法の祖岡田虎二郎先生の偉容に接して、その種まきをしてもらったが、以来、九十歳の今日まで、この立腰だけは一貫してつづけてきた。

要するに、朝おきてから夜ねるまでいつも腰骨を立てて曲げない、ということです。これは主体的になるための極秘伝であるばかりでなく、健康法という面からも第一です。

この立腰を子どもに伝えるだけでもたいした財産だと思います。

肩の気張りがとれて全身の力が臍下丹田《せいかたんでん》に収まって、ドッシリと落ち着いた人間になれます。腰骨を立て、アゴを引き、つねに下腹の力を抜かぬこと。この三つが同時にやれたら、ある意味では達人の境だ。

――致知（1985年11月号）

1月
30日

道の継承

道の継承には、少なくとも三代の努力を要せむ。
従って継承者は師におとらぬだけの気魄《きはく》と精進を要せむ。

——森信三一日一語

1月31日

出逢い

人間は一生のうち逢うべき人には必ず逢える。
しかも一瞬早過ぎず、一瞬遅すぎない時に——。

——森信三一日一語

2月

1日 苦労をしなさい
2日 黄金のカギ
3日 中心に動かぬものを置く
4日 試練の意義
5日 情熱の出どころ
6日 貫く
7日 真の愛情
8日 幼児教育
9日 自己を鍛える①
10日 自己を鍛える②
11日 日本民族
12日 視線
13日 真の学問のエネルギー
14日 信と証
15日 自覚と自棄
16日 自分を律するものは自分
17日 逆境
18日 運命超克
19日 坑道を切り開く意志
20日 一日の充実を図る術
21日 真の道徳修養
22日 世の中は正直
23日 自己をつくるもの
24日 話を聞く態度
25日 人生を深く生きる
26日 人生の深浅を決めるもの
27日 志とは
28日 ひたむきに進む

2月1日

苦労をしなさい

苦労をしなさい。少なくとも避けようとしなさんな。人間は苦労によって幅と厚みとが出来るからです。凡人は自分だけが苦しんでいると思っているから「やり切れぬ」と思うのです。ところが、こうした苦労は過去にも必ずや経験した人があり、現在もまた経験しつつある人があり、将来も尚《なお》経験する人があるものです。人間もこの辺のことが分かってくれば、わが苦しみから、他人の苦しみを想う慈悲心が生まれてくる。

そして苦しみのある時は「自分をおめでたくしない為の神の恵みだ」と思えるようになるのです。

——森信三訓言集

2月2日

黄金のカギ

わたくしは、皆さん方に一つの「黄金のカギ」をさしあげたいと思います。それは何かというと、われわれ人間にとって真に生きがいのある人生の生き方は、「自己に与えられたマイナス面を、プラスに逆転し、反転させて生きる」という努力であります。

つまりわれわれは、自分に対して与えられたマイナス面に対して、いつまでもクヨクヨしたり、ブツブツ言ったりしていないで、マイナスはマイナスとしてこれを踏まえながら、全力を挙げてそれと取り組むことによって、ついにそれをプラスにまで転換しなければならぬのであります。

――10代のための人間学

2月3日

中心に動かぬものを置く

人間はその精神生活の中心に、一つの体系的なものを持っていなくてはなりません。つまり、それによって一切を見渡し、自分の専門の道を打立てる上での一つのよすがとし、また他の一流者の歩む道をたずねる場合の杖ともしなければなりません。もう少し詳しく申せば、一番中心に根本の動かぬものを置き、それに近く自分の専門の道をきずいて、尚その周囲に、各部門の一流者の歩みつゝある道を配置して、それを自分のものとしつゝ、一つの外郭《がいかく》を作り上げる様にしたいものです。

そしてその場合、第一の円周はもとより第二の円周も、全体系に属して、根本中心がそれらを統一している状態に置かねばなりません。かくあってこそ初めて、その人の歩む道は、生命のもつ独特の色調を帯びて来るのです。

――森信三訓言集

2月4日

試練の意義

いま一つ大事なこととして申したいのは、人間というものは、どうしても自分がしなければならぬ事柄に対しては、たとえそれがどんなにいやな事柄であろうと、またそのこと自体に、どれほど価値があると否とにかかわらず、常に「全力」を傾けてそれと取り組み、ついにそれをやり抜くということは、人間として最重大なことでありまして、このような人間的態度を鍛える点では、試験というものは、スポーツにおける合宿訓練などと同様に、非常に意義があると思うのであります。

ですから試験に対して、真剣に取り組めないような人間は、人生の真の勝利者になることは、おそらくは非常に困難ではないかと思うのであります。

——10代のための人間学

2月5日

情熱の出どころ

情熱がどこから来るかというと、一つはやはり遺伝ですな。二つが逆境というか、どれだけ苦労しておるか。やはり、情熱が激発するような刺激を受けとらな、いかんね。苦労というバネが情熱を燃やさせるんだね。それから、三つ目が実例としてどういう師匠とか先輩を持ったかですよ。

「人生二度なし」というのが、私の人生観の根本原理です。これは真理というより、絶対的事実です。われわれの人生は一回限りのもので、絶対に繰り返しのきかないものです。それだけにわれわれはそれぞれが人生の決勝点に達するまでは「一日一日を真に充実して生きねばならぬ」と思いますね。

マラソン競走なら一瞬一瞬を全力をこめて走り抜く。そのためには現在、自分は決勝点まで一体どれほど手前のところを走っているか、ということを常に心の中に忘れないということが大切です。いっぱしの人間になろうとしたら、少なくとも十年先の見通しはつけて生きるのでなければね。そうでないと結局、平々凡々に終わるとみてよい。

――致知（1986年7月号）

2月6日

貫く

われわれ人間は「生」をこの世にうけた以上、
それぞれ分に応じて、一つの「心願」を抱き、最後のひと呼吸《いき》までそれを貫きたいものです。

――森信三一日一語

2月7日

真の愛情

（一）わが子の一言一行に注意して、わが子の気持ちをよく察してやれること。

（二）常にわが子の将来を見通して、真の人間にするには、どうしたらよいかを考えること。

そして、そのための躾《しつけ》の方法については、仔細《しさい》によくわきまえていること。

（三）そして、それにはわが子のために最善の持続的努力を重ねて毫《ごう》も厭《いと》わぬこと。

——家庭教育の心得21

2月8日

幼児教育

幼児の教育において大事な点は、大事な話を——それは主として民族における伝説的な物語がよいと思うが——幾度も幾度も、手を替え品を替えて倦《う》くことなく、感動をこめて語って聞かせることであって、こうした母親の努力によって、人の子は軽薄でない部厚な人間をつくることが出来るのである。

——人生論としての読書論

2月9日

自己を鍛える①

人間というものは、平生、事のない場合においても、下坐行として何か一つ二つは、持続的に心がけてすることがなければ、自分を真に鍛えていくことはできにくいものです。たとえば掃除当番の場合などでも、友人たちが皆いい加減にして帰ってしまった後を、ただ一人居残って、その後始末をするというようなところに、人は初めて真に自己を鍛えることができるのです。それが他から課せられたのではなく、自ら進んでこれをやる時、そこには言い知れぬ力が内に湧いてくるものです。

そこでこうした心がけというものは、だれ一人見るものはなくても、それが五年、十年とつづけられていくと、やがてその人の中に、まごうことなき人間的な光が身につき出すのです。

——修身教授録

2月
10日

自己を鍛える②

世間の人々の多くは、世の中というものはあてにならないものだと申します。しかし私は、世の中ほど正直なものはないと考えているのです。ほんとうの真実というものは、必ずいつかは輝き出すものだと思うのです。ただそれがいつ現れ出すか、三年、五年にして現れるか、それとも十年、二十年たって初めて輝き出すか、それとも生前において輝くか、ないしは死後に至って初めて輝くかの相違があるだけです。

人間も自分の肉体が白骨と化し去った後、せめて多少でも生前の真実の余光の輝き出すことを念じるくらいでなければ、現在眼前の一言一行についても、真に自己を磨こうという気持ちにはなりにくいものかと思うのです。

――修身教授録

2月11日

日本民族

われわれが、今それぞれ日本民族の一員たり得たのは、実はわれわれの両親が日本人であったからであり、同時にわれわれの身体には、父母を通して遠い祖先の血が流れているからであります。したがってもし無限にさかのぼっていくとしたら、このわれわれの体の中には、民族の血液がそれぞれ渾融《こんゆう》しているわけでありましょう。したがってその意味からは、われわれ一人びとりは、それぞれ民族の血液を宿すと共に、さらに民族の歴史の中から生まれて来たわけであります。

すなわち、われわれ一人びとりの中に、歴史を貫いて流れて来た民族の血液が宿っているわけであります。したがってまた、こうしてここにいるわれわれの「血」も、祖先にまでさかのぼれば、無限に入り組み重なり合っていると言えましょう。

このように考えて来ますと、われわれが日本民族の一員として、この国土に生まれて来たということは、無量の因縁の重なり合った結果であって、それこそ民族の歴史に深い根ざしを持つわけであります。したがって私達がこの国を愛するということは、必ずしもこの日本という国が、優れた国だからということよりも、むしろ先にのべたように、われわれにとっては、まったく抜きさしのできないほどの深い因縁があるからだと言うべきでしょう。

2月12日

視線

一眼は遠く歴史の彼方《かなた》を、
そして一眼は脚下の実践へ。

2月13日

真の学問のエネルギー

けだし道というものは、一ケの生きた人格に宿って、はじめて真に生きるのであり、またかくして初めてわれわれ凡人にも、その趣の一端が伺われるわけであります。かくして道と呼ばれる以上、それはわれわれ人間に対して迫って来る、ある種の力を持つものでなくてはならぬでしょう。随ってまた何ら人に迫る力を持たないようなものは、真の道とはいえないともいえましょう。それ故またわれわれが、真に道を体した一人の卓《すぐ》れた人格にぶつかったならば、それはわれわれにとって、まさに一大驚異のはずであります。即ちそれによってわたくしたちは、自分の生涯の全コースを切り換えられるからであります。

諸君‼　真の学問とは、まさにかくの如きものであります。即ちそれは、それによって今日までの自分の一切が根本から葬り去られると共に、そこに新たなる自分が改めて生まれ出る底のものでなくてはなりません。そしてその場合葬り去られた自己は、その無自覚なることあたかも木偶《でく》の坊《ぼう》の如きものでありますが、新たに生まれ出る自己は、全力を挙げて邁進《まいしん》する真我でなくてはなりません。そしてこれこそまさに、真の学問によるエネルギーだといってよいでしょう。

――続・修身教授録

2月14日

信と証

・「信」とはこの天地人生の真実を、一々中身のせんぎ立てをしないで丸受け取りに受け取ることです。すなわちまた、この天地人生の実相をつかんだ人の言葉を、素直に受け入れるということです。

・「信」は耳によって得られますが、信の内容を「証」するには、どうしても文字を通じてでないとできにくいようです。「証」とはこの丸受け取りに受け取った「信」の内容を、「なるほど」とうなずけるところまで突きつめていくことです。そこで「信」は学問によらなくても得られますが、「証」となると、どうしてもある程度の学問が必要です。

・「信」と「証」とは、自分一人を修める上からは、一応変わりはないと言えましょう。だが、一たびその趣を他人に伝えるとなりますと、ある程度「証」がないことには、心の光が周囲に及びにくいのです。そして、そこに学問の必要があるわけです。

——修身教授録

2月15日

自覚と自棄

これまで、頼りにして来た事のすべてが、
ひっくり返って頼みにならざる時、
かねて用意ある者は、初めて自己に目覚めて自立し、
然らざる者は自棄に陥る。
今日までのわが一切を捨て切るところ、
これ解脱への踏切板というべし。
これを回避しては跳躍は不可能なり。

——下学雑話

2月16日

自分を律するものは自分

人間はいかに優れた師を持ち、
よき教えに接したとしても、
結局最後のところは、
自分を律するものは自分以外にはないわけでありまして、
いかに優れた師といえども、
本人が自ら律しようとしない限り、
いかんともしがたいのであります。

——10代のための人間学

2月17日

逆境

「極陰は陽に転ずる」と易に示されるように、逆境のどん底というものは、まず三か年ぐらいで、それを過ぎますと幽《かす》かな微光が射し初《そ》めるというのが、わたくしの経験上実感であります。

そしてその三か年のうちでも、真の極陰期は一年くらいともいえましょうか。この雌伏《しふく》期に泰然《たいぜん》として「肚《はら》をすえる」ことが、何よりも大事な心構えと態度ではなかろうかと思います。

このように「肚をすえる」ことによって、そこから初めて絶対に通じる真の智慧の微光が射し初めてくるものであります。何となれば、「肚をすえる」とは「比較相対を超える」ということだからであります。

――父親のための人間学

2月18日

運命超克

「肚をすえる」などと申しますと、
まったく非合理的なコトバとして
歯牙《しが》にもかけない人も中にはおありでしょうが、
人間は観念では救われないもので、
観念が肉体化せられなくては、
運命超克の一路は開かれないのであります。

――父親のための人間学

2月
19日

坑道を切り開く意志

お互い人間として最も大切なことは、単に梯子段《はしご》を一段でも上に登るということにあるのではなくて、そのどこか一ヵ所に踏みとどまって、己が力の限りハンマーをふるって、現実の人生そのものの中に埋もれている無量の鉱石を、発掘することでなくてはならぬからであります。

さて、この際とくに注意を要する点は、いよいよ鉱石の発掘にとりかかろうとするには、どうしてもまず梯子段を上へ登ろうという考えを一擲《いってき》しなければならぬということです。登れたら一段でも上へ登ろうと思っている間は、岩壁の横腹へ穴を開け、その内に身をさし入れて、坑道をうがつことはできないからであります。

こういうわけですから、人生の現実という絶壁に向かって、一つの坑道を切り開こうとする者は、単に世の中の外面上の地位の高下に眼をうばわれて、登れたら一段でも上へ登ろうというような考えを、一擲しなければできないことであります。もちろんその場合、梯子段を上へ登ることは断念しても、坑道そのものを切り開いて行こうとする意志は、断念するどころか、無限なわけであります。

――修身教授録

2月20日

一日の充実を図る術

一日を真に充実して生きるには、一体どうしたらよいかが問題でしょう。その秘訣としては私は、その日になすべきことは、決してこれを明日に延さぬことだと思うのです。そしてそれには、論語にある「行って余力あらば以て文を学ぶべし」というのが、一つのよい工夫かと思うのです。

すなわち何よりもまず自分の仕事を果たす。そしてその上でなおゆとりがあったら、そこで初めて本を読む。これ実に人生の至楽というものでしょう。ここに「行って余力あらば」と言ってあるのは、自分のなすべき仕事をほったらかしておいて、ただ本さえ読んでいれば、それで勉強や学問かのように誤解している人が、世間には少なくないようですから、そこで実行ということを力説するために「行って余力あらば」と申されたわけで、実際には仕事をなるべく早く仕上げて、そして十分の余力を生み出して、大いに読書に努むべきでしょう。

ではなぜ、読書の必要があるかと申しますと、人間は読書によって物事の道理を知らないと、真の力は出ぬくいものだからです。そもそも道理というものは、ひとりその事のみでなく、外の事柄にも通じるものです。たとえば、階段を登るときは、さらさらと最後まで軽やかに登るということのうちに、やがてまた人生の逆境に処する道も含まれている、というようなことをいうわけです。

——修身教授録

2月
21日

真の道徳修養

真の道徳修養というものは、意気地なしになるどころか、それとは正反対に、最もたくましい人間になることだと言ってもよいでしょう。すなわちいかなる艱難辛苦《かんなんしんく》に遭おうとも、従容として人たる道を踏み外さないばかりか、この人生を、力強く生きぬいていけるような人間になることでしょう。

その意味からは真の道徳修養は、またこれを剛者の道、否、最剛者の道と言ってもよいでしょう。ですから、もしこの根本の一点を取り違えて、道徳修養とは、要するに去勢せられた、お人好しの人間になることだなどと考えたら、そういう誤った修養なら、むしろしない方が遙《はる》かにましだとも言えましょう。

――修身教授録

2月22日

世の中は正直

人間の偉さは、その人の苦しみと正比例する。
世の中は正直そのものである。
その時代における最高の人物は、
最大の内面的苦行をした人である。
つまり天はその人の苦労に等しいだけの価値を与え給うのである。

――森信三訓言集

2月23日

自己をつくるもの

今、諸君らにとって何よりも大事なことは、真に自己をつくるものは、自分以外にはないということです。すなわち自己を鍛え、自分というものを、一個の人格にまで築き上げていくのは、自己以外にはないということを、深く認識し決心するということでしょう。

いかに立派な教えを聞いても、「ハハアなるほど」とその場では思っても、それが単にその場かぎりの感激に終わって、一度教場を出ればたちまち元の木阿弥《もくあみ》に返ってしまうようでは、何年学校に行ったところで、ただ卒業という形式的な資格を得るだけで、自分の人格内容というものは、一向増さないわけです。

——修身教授録

2月24日

話を聞く態度

念のために、ついでにちょっと申しておきますが、人の話を聞くときは、後の方で聞くと、どうしても批評的になりやすいものです。(中略)

これに反して、一番前の席で聞くのは信受の態度です。そこで諸君らも、講演などを聞かれる際には、なるべく前の方の席で聞かれるがよいでしょう。

——修身教授録

2月25日

人生を深く生きる

人生というものは限りあるものであり、しかもそれは、二度と繰り返すことのできないものです。してみると、そこに許された人生の真の生き方というものは、この限られた年限を、いかに深く生きるかということの外ないわけです。というのも平面的な延長線として考えれば、万人ほぼ一定の年数に限られているわけですが、ひとたびどのように深く生きるかということになりますと、各人千差万別だからです。

そしてそこには、寿命のような制限というものは一切ないわけです。そこで人間の偉さは、結局この人生を、どれほど深く生きるかということだと言ってもよいわけです。したがってまたわれわれ人間の根本問題は、いかにしてより深く人生を生きるか、ということの外ないとも言えるわけです。

――修身教授録

2月26日

人生の深浅を決めるもの

人生を深く生きるということは、自分の悩みや苦しみの意味を深く噛みしめることによって、かような苦しみは、必ずしも自分一人だけのものではなくて、多くの人々が、ひとしく悩み苦しみつつあるのだ、ということが分かるようになることではないかと思うのです。

これに反して、人生を浅く生きるとは、自分の苦しみや悩みを、ただ自分一人だけが悩んでいるもののように考えて、これを非常に仰山なことのように思い、そこからして、ついには人を憎んだり怨《うら》んだりして、あげくの果ては、自暴自棄にも陥るわけです。これはちょうど、あの河の水が、浅瀬において波立ち騒ぐにも似ているとも言えましょう。

――修身教授録

2月27日

志とは

志とは、これまでぼんやりと眠っていた一人の人間が、急に眼を見ひらいて起ち上がり、自己の道をあるき出すということです。

――修身教授録

2月28日

ひたむきに進む

道を求めるには、むきになるほどでなければならず。
社会の求める処もまた、己が職分にむきになって、打ち込んで行く人なり。
彼も人なり我も人なりとの心構えにて、ひたむきに進むべきなり。
教師の生活は、特にかかる内的緊張を欠き易し。

——下学雑話

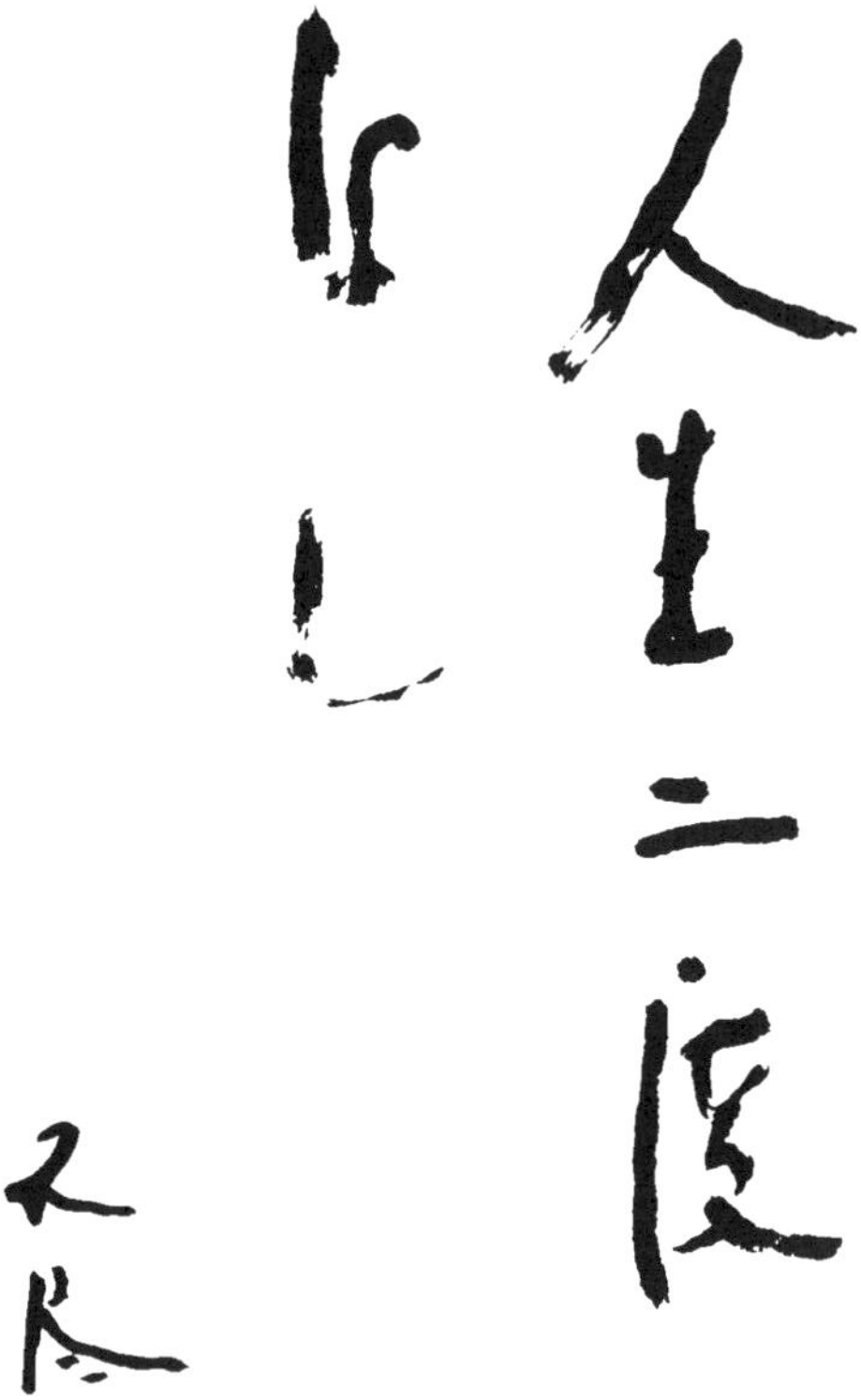

人生二度なし

3月

1日　教育の本質
2日　教育の志
3日　欲を捨てる
4日　真の学問の道
5日　「真の面目」を発揮する
6日　生温い生き方
7日　夫婦のあり方
8日　女性の責任
9日　生命力の弱い人
10日　素質の鍛え方
11日　仕事の計画
12日　一日を終わる覚悟
13日　悲観は大禁物
14日　やけ
15日　天秤のかごの前とうしろ
16日　金の苦労の足りない人
17日　最善の人生態度
18日　秘匿の恩寵
19日　成長への決心と覚悟
20日　己を尽くす
21日　バランスをくずさぬ事
22日　提出期限心得
23日　教師の心眼
24日　修身教授
25日　職業の三大意義
26日　人生の真の幸福
27日　人生は短距離競走
28日　教育者としての再生
29日　干からびて来る人
30日　卒業後の読書
31日　人生の先決問題

3月1日

教育の本質

教育の仕事というものは、常に種子まきであり苗木を育てるようなものであって、花実を見る喜びは、必ずしも教育に本質的なものではないからであります。それ故にまた、悲劇的と言えば、確かに悲劇的といい得るものがあるとも言えましょう。しかしこれをもって単に悲劇的とのみ思う程度では、実は真の教育者たる資格なきものと言わねばなりますまい。

というのも、現世的欲望を遮断しつつ次代のために自己を捧げるところにこそ、教育者の教育者たる真の使命はあるからであります。すなわち花実の見られる希望がなければ、真の努力ができないようでは、よし為政者ではあり得るとしても、真の教育者とは言いがたいからであります。

――修身教授録

3月2日

教育の志

「努力せよ」という教材が、小学校の修身書にある。だが努力は、目標あって初めて出来ることである。即ち知が力の根本である。勝海舟は、当事の国情を憂えたことから、オランダ書の研究に進んだといわれる。諸君らにしても、自分の一生が教育界、ひいては国家に如何《いか》に関係をもつかが分かれば、努力せずにいられぬはずである。

つまり、自分の志の立つか否かが、教育界を左右すると分かり出せば、努力せずにはいられぬはずである。例えば大阪府下の教育界で、まだ何人によっても開拓されていない問題が見つかれば、どうして努力せずにいられようか。小にしては在学中、卒業したら奉職校、さらに家庭内といえども問題はある。ゆえに志が立つか否かが問題であって、志さえ真に立ったら、もうそれで良いとも言える。

随って教育とは、相手に志を立てさせ、それを助成すればそれですむ。もっともこれは、教師に志が立っていてのことで、でなければ出来ることではない。教師の志とは、結局自分の如何《いかん》が、小にしては自分自身の、また大にしては教育界の損失であるという自覚に外ならぬ。

——森信三訓言集

3月3日

欲を捨てる

人間が真に欲を捨てるということは、意気地なしになるどころか、それこそ真に自己が確立することであります。否、さらにそれによって、天下幾十万の人々の心の中までも伺い知ろうという、大欲に転ずることであります。

ですから人間は、自ら積極的に欲を捨てるということは、意気地なしになるどころか、わが一身の欲を打ち越えて、天下を相手とする大欲に転ずることとも言えるのです。しかるに世間多くの人々は、欲を捨てるということを、単に言葉だけで考えているために、捨欲の背後に大欲の出現しつつあることに気付かないのです。そしてこのような背後の大欲が見えないために、欲を捨てるとは、意気地なしになることくらいにしか考えられないのです。

ところが人間が真に欲を捨てるということは、実は自己を打ち越えた大欲の立場にたつということです。すなわち自分一身の欲を満足させるのではなくて、天下の人々の欲を思いやり、できることなら、その人々の欲をも満たしてやろうということであります。

——修身教授録

3月4日

真の学問の道

欲の大海に向かって如何に処するかが、真の学問の道である。かくすることによって、幅と深さのある学問が出来る。

人間はとかく力があり、才能ある者の方が間違いやすい。学問は焼芋を焼くにも似て、大芋は大きいだけに、しっかり焼かねばならぬし、小いもは小さいので、これを焼くにも手間はかからぬ。

人間も大物は、とかく才を恃《たの》んで学問をせず、才で物事を捌《さば》いて行こうとするが、そこが危ないのである。

——森信三訓言集

3月5日

「真の面目」を発揮する

今この真面目という字を、真という字の次に、「の」の字を一つ加えてみたらどんなものでしょう。そうしますと、言うまでもなく「真の面目」と読まねばならぬことになります。ところがこうなると、一つの新たなる展開となりましょう。すなわち真面目ということの真の意味は、自分の「真の面目」を発揮するということなんです。

こうなると、言い古された、最も平凡と思われていたこの言葉が、ここに一つの新たなる力を持って臨んでくるのです。すなわちわれわれは、今や新たなる心構えをもって、改めてこの言葉を取り組まねばならなくなるのであって、実際そこには、一種の情熱さえ感じるほどです。

そもそもわれわれは、自分の真の面目を発揮しようとしたら、何よりもまず全力的な生活に入らなければなりません。けだし力を離れて、自己の真の面目のしようはないからです。

――修身教授録

3月
6日

生温い生き方

真面目ということは、その反対語の「ふざけている」という言葉の内容から推してみても、それが力の全充実であり、全力的生活でなければならぬということが明らかです。

かくして真面目ということは、いわゆる無力な人間のお目出たさではなくて、最も男性的本格的な全力生活だということが分かりましょう。したがってこれを実行上の工夫から申せば、八つのことをするにも、常に十の力をもってこれに当たるということです。また十のことをやらねばならぬ場合には、まさに十二の力をもってこれに当たるということです。

人間はいつも「マアこれでもすむ」という程度の生温《なまぬる》い生き方をしていたんでは、その人の真の面目の現れようはないでしょう。「これでもすむ」というのは、いわば努力の最低限の標準で、物事を処理しているということです。たとえて申せば、この学校では卒業期が近くなると「マア欠点さえとらねばよい」、という考えで、勉強の手加減をする生徒もあるということですが、そういうのは、真の面目発揮とは、まさに天地の相違です。

——修身教授録

3月7日

夫婦のあり方

夫婦のあり方こそ、
子どもの「人間教育」に対しては
実に基盤的な意味を持つものゆえ、
夫婦は、特に妻たる人は、
あらゆる知恵を結集して、
夫婦のあり方を正しく明るくするように努力するのが、
真の生きた叡智《えいち》と言えましょう。

――家庭教育の心得21

3月 8日

女性の責任

女性の弛緩《しかん》は民族の弛緩となり、
女性の変質は民族の変質につながります。
言うなれば、民族の将来は女性のあり方如何《いかん》によって決まる
と言っても決して過言ではないわけです。

――家庭教育の心得21

3月9日

生命力の弱い人

人間が嘘をつくというのは、生命力が弱いからでしょう。
勤勉でないというのも、生命力の弱さからです。
また人を愛することができないというのも、結局は生命力の弱さからです。
怒るというのは、もちろん自己を制することのできない弱さからです。
沢庵石は重いからこそよいので、軽くては沢庵石にはなりません。
自己を制することができないというのも、畢竟《ひっきょう》するに生命力の弱さからです。
そこで古来人類の歴史上、最も生命力の強かった人を聖人というわけです。
そして次を賢人と言い、その次を英雄と言い、豪傑というのはも一つ下です。
それから下はただの人間です。

3月10日

素質の鍛え方

われわれ人間は、その素質がいかにリッパでありましても、逆境の試練というものを経験しないと、その素質は十分には鍛えられないからであります。否、むしろその人の素質が優秀であればあるほど、より厳しい逆境の試練を受けねばならぬともいえましょう。

――幻の講話

3月11日

仕事の計画

今日の仕事の若干を、明日に延ばした場合の「明日」と、今日為すべき仕事の一切を仕上げてしまった場合の「明日」とでは、同じ明日であっても、その内容はかなり大きく違うといってよいであろう。

かくしてわれわれの日々の生が、その日その日に全的充実の積み重ねである場合と、そうでない場合とでは、その人の一生の人生内容の総決算は、実に天地のひらきを生じるともいえるわけである。

かくしてわれわれは、日々のわが生活について、それを自分の一生の象徴として、そこに自らの人生の予兆を見る思いで、その全的充実を期せねばならぬであろう。即ち端的には、その日の予定の遂行に、全力を挙げて取り組むことである。

——若き友への人生論

3月12日

一日を終わる覚悟

もしその日の予定がその日のうちに果たせなかったら、「自分の一生もまたかくの如し」と考えられるがよいでしょう。そこでまたわれわれは、死というものを、一生にただ一度だけのものと考えてはいけないと思うのです。それというのも実は死は小刻みに、日々刻々と、われわれに迫りつつあるからです。

ですからまた、われわれが夜寝るということは、つまり、日々人生の終わりを経験しつつあるわけです。一日に終わりがあるということは、実は日々「これでもか、これでもか」と、死の覚悟が促されているわけです。しかるに凡人の悲しさには、お互いにそうとも気付かないで、一生をうかうかと過ごしておいて、さて人生の晩年に至って、いかに歎《なげ》き悲しんでみたところで、今さらどうしようもないのです。

人間も五十をすぎてから、自分の余生の送り方について迷っているようでは、悲惨と言うてもまだ足りません。そこで一生を真に充実して生きる道は、結局今日という一日を、真に充実して生きる外ないでしょう。実際一日が一生の縮図です。われわれに一日という日が与えられ、そこに昼夜があるということは、二度と繰り返すことのないこの人生の流れの中にある私達を憐《あわれ》んで、神がその縮図を、誰にもよく分かるように、示されつつあるものとも言えましょう。

――修身教授録

3月13日

悲観は大禁物

いやしくも人間としてこの世に生をうけた以上は、将来多かれ少なかれ、人の世の苦労が降りかかって来ることでしょうが、しかしその際悲観は大禁物であります。それどころか、これこそ自分を鍛え磨いてくれる神の鞭《むち》と信じて、苦労のどん底にありながら、そこに人生の教訓の泉を掘り当てるまで、全力をあげてこれと当面していかねばなりません。そうすることによって、初めてわたくしたちは、まずは一人前の人間になれるというわけでしょう。

したがって偉い方のお話を伺って感心することも、もちろん大切なことですが、同時にただそれだけに留まっていてはいけないと思います。そして何が一体その方を、そのような立派な人にしたかと、その根本に遡《さかのぼ》って考えてみることが大切です。そして何とかして自分も、その方に負けないように、一つやってみようという決心覚悟が、たとえほのかながらも、心中に湧き出てくるようでなくては、決して頼もしい人間とはいえないと思います。

――女性のための「修身教授録」

3月14日 やけ

「やけ」など起こすのは、
毎日の白紙の一ページを、
自分自身で汚すのと同様で、
結局自ら自己の運命を投げ捨てるものといえましょう。

——10代のための人間学

3月15日

天秤のかごの前とうしろ

われわれ人間は、自分のはからいによる計画を、つねに天秤の前のかごに入れている故よく分るが、しかしそれはまだ自己中心的な自分本位の立場で立てた計画ゆえ、そこには自分勝手な考えが介入している場合が多く、随ってそれは多くの場合失敗に帰するわけである。

しかるにそれが失敗に帰し、ないしはいまだ着手もしないうちに、神から取り上げられる場合も少なくないのは、そこには多分に恣意《しい》的な自分勝手な願望が混入しているゆえであって、それが失敗したり、ないしは着手する以前に消滅するのは、むしろ当然といってよいわけである。しかるに人々は、この点に想い到らないで、多くは歎き悲しみ、人によっては自暴自棄に陥る場合さえ少なくないのである。

しかるに自分の計画がダメになった場合には、神はより良いものを与え給うために、それを取り上げられるのであるが、しかし神の与え給うものは、天秤のうしろのかごに入っている故、われわれは、それを探し求めねばならぬわけである。かくして天秤の前のかごに入っているというのは、それがまだ自己中心的な、身勝手な思わくゆえ消えていったり、また着手した場合にも、失敗することが少なくないわけである。しかるにこれに反してうしろのかごに入れられている神の計画は、もはや自己中心的なものではないので、次に出逢う計画は、必ずや成功するに相違ないわけである。

——若き友への人生論

3月16日

金の苦労の足りない人

そもそもお金というものは、いわば現実界の事物の引換券とも申せましょう。それというのもこの世の中というものは、詮じつめれば結局人間と人間以外の物から出来ており、そしてこの人間以外の物の引換券が、つまりこのお金というものだとも申せましょう。随って「金」を軽視するということは、結局は心の甘えであって、断じて許されないことであります。

ですから金の苦労の足りない人は、たとえその人柄は如何によくても、人間としてはどこか喰いたらない気がするのはその故でしょう。要するにそれは、お金についての人の気持の察しがつかないところから来るのであります。つまり世の中に対して甘えているからです。そしてこの世の中への甘えは、結局は親への甘えから来るわけです。

そもそもこの人間界というものは、金の問題を度外視した単なるキレイごとでは、終始できないのでありますます。というのも結局は現実というものにしっかり足を踏まえていないからだと申せましょう。

——現代における孝の哲理

3月
17日

最善の人生態度

たとえば親が病気になったとか、あるいは家が破産して願望の上級学校へ行けなくなったとか、あるいはまた親が亡くなって、本校を終えることさえ困難になったとか、その外いかなる場合においても、大よそわが身に降りかかる事柄は、すべてこれを天の命として慎んでお受けをするということが、われわれにとっては最善の人生態度と思うわけです。

ですからこの根本の一点に心の腰のすわらない間は、人間も真に確立したとは言えないと思うわけです。したがってここにわれわれの修養の根本目標があると共に、また真の人間生活は、ここからして出発すると考えているのです。

——修身教授録

3月18日

秘匿の恩寵

逆境というマイナス面の裏には、「秘匿《ひとく》の恩寵《おんちょう》」ともいうべきプラス面が秘められているのであります。またその反対に、上昇気流に乗ったプラス面の展開期には、よほどの人でない限り、人間は必ずおごり、たかぶり、人の気持ちの察しがつかなくなり、これが人心離反の因となり、「蟻の一穴」ともいえる千載《せんざい》の悔いを残すことにもなりかねないのであります。

このように、ものにはすべて表裏がありまして、「陰中陽あり、陽中陰あり」という一面をまぬがれぬのであります。これこそ、一般にいわれておりますところの、「ものごとに両方よいことはない」ということであり、これこそが不動の真理が平易な一言によって表明せられたものであります。

――父親のための人間学

3月
19日

成長への決心と覚悟

根本となるものは、自分の能力というものを、一体どこまで伸ばせるものか、一生かけて試してみようという決心だと思うのです。今手近のところで申しますと、諸君はここを出たら、工業高等学校を出た人たちと比べて、おそらく諸君の方がその実力は上ではないかと思いますが、仮にそうでなかったとしたら、諸君はできるだけ早めに、それらの人々より実力のある人間になってみせるぞ——と決心すべきです。

そしてそれが達成できたら、次には、大学出のできのわるい人々と比べて、絶対に遜色《そんしょく》のない人間になって見せるぞという決心でしょう。そしてそれには、二十年くらいはかかるでしょうが、自分が人間として一体どれだけ成長するかということを、生涯かけてためしてみるという決心と覚悟です。

——人生二度なし

3月20日

己を尽くす

天分や素質に心を奪われて嘆くよりも、
自己に与えられたものを
ギリギリまで発揮実現することに全力を尽くすことこそ、
より大事ではないでしょうか。

——致知（1985年11月号）

3月21日

バランスをくずさぬ事

人間はその考える事と行動とのバランスがとれているのが健全といえましょう。つまり何事にもせよバランスをとる——あるいはバランスをくずさぬ事が大切です。そしてそれには、つねに「動的叡知」ともいうべきものが働いていなくてはならぬわけで、この場合動的というのは、現実を離れぬ処からくるわけです。思索と行動について西田（幾多郎）博士は、晩年盛んに「行為的直観」というコトバを使っていられますが、わたくしとしてはむしろ「行動的叡知」という方が、シックリする感じがします。

どうしたら思索と実践のバランスがとれるか、その点の工夫こそ大事な点だと思うのです。私の考えでは、第一は物事をするのをおっくうがらぬという心がけが必要だと思います。そしてそれは物事をする場合、ともすれば兆しがちなおっくうがる心、さらにはめんどうくさいと思うこころを、つねに断ち切ることが大切でしょう。それからもう一つは、つねに物事の全体を見渡す知恵が大切なんでしょう。つまりそうした全体観によって、自分のおっくうがる心を、瞬間々々に断ち切ってゆかねばならぬわけでしょうね。

——不尽片言

3月22日

提出期限心得

すべて提出物の如きも、提出期日に無理なき様にし、また都合によっては、受付け開始日と〆切日とを別にし、その間、余裕をおくも一法ならむ。
また提出する側としては、〆切日より幾日か前に、自己の〆切日を定め置くがよし。かくすれば世の中急に明るくなりて、生活もつねに余裕を生ぜむ。

——下学雑話

3月
23
日

教師の心眼

教師の心眼に、子どもらの家庭における一挙一動が映ずるに至って、初めて教育も徹底するを得む。

たゞわが面前にいならぶ子らを教えるのみにて、教育したりと思うは、お目出度きことなり。

教師の鋒先《ほこさき》は子どもらを貫いて、その鋒先家庭に及んで、初めて教育も多少の効を生ぜむ。

——下学雑話

3月
24日

修身教授

修身教授の良否は、
それが生徒の心に触れるか否かによって分かれる。
そして生徒の心に触れんが為には、
教師たる者、すべからく先ず自己を深省すべし。
真に自己の如是相《によぜそう》を諦観《ていかん》し得れば、
性や年齢を異にすとも、
尚かつ通ずる処あるものなり。

――下学雑話

3月25日

職業の三大意義

職業というものは、
（一）衣食の資を得る手段・方法である上に、
（二）人間は自己の職業を通して世のために貢献し、
（三）かつ自分なりの天分や個性を発揮する
という三大意義を持つものであります。

3月26日

人生の真の幸福

たとえ時代がいかに推移し展開しようとも、
人は自らの職業を天より与えられたわが使命達成の方途として、
これに対して自らの全身全霊を捧げるところに、
人生の真の幸福は与えられる。

――人生論としての読書論

3月27日

人生は短距離競走

私の楽しみは諸君らがほんとうに生命がけになったら、一生かかってどれくらいの人間になれるかということです。つまり人間、大学や専門学校などを出なくても、その人の覚悟と勉強しだいでは、それほどの人間になれるものか、その生きた証拠が見たいのです。

学校を卒業するということは、人生という長旅への出発点ということです。しかるに卒業といえば、もういい気になって、寄宿舎の窓など破って喜んでいる程度の人間が、第二の小国民の教育に従事するかと思うと、実際泣くにも泣けんですね。もっとも近頃では、さすがに本校でも、そんな馬鹿をする人間はなくなったようですが――。

実際人生は二度とないですからね（先生幾度もくり返して言われる）人生は、ただ一回のマラソン競走みたいなものです。勝敗の決は一生にただ一回人生の終わりにあるだけです。しかしマラソン競走と考えている間は、まだ心にゆるみが出ます。人生が、五十メートルの短距離競走だと分かってくると、人間も凄味《すごみ》が加わってくるんですが――。

――修身教授録

3月
28日

教育者としての再生

かくしてわれわれは、世間で人々から卓《すぐ》れた人とか、偉大な人といわれている人々は、おそらく一人の例外もないほどに、必ずや何らかの意味で不幸や悲しみを、その踏み台として起ち上がり、或《あるい》はこれを踏み切り台として、新たなる世界に跳躍を試みた人々といってよいでしょう。

今諸君らにしてからが、かっては他の方面へ進もうとして、高等専門学校などを受験したけれど、不幸にして失敗した人も少なくないことでしょう。しかしそうした人々も、断じて卑下するには及びません。否、真実の教育は、一度はそうした現世的な大望を抱きながら、それが何らかの事情によって遮断せられた人が、そうした遮断や断絶を跳踏台として、新たなる精神的な世界にむかって突っ起ち上がる処に、はじめて開かれるものと思うのであります。そこでそうした意味からは、早くから教育者たろうとの志望を抱くということは、もちろん大いに結構ではありますが、しかしまたある意味からは、一度は他の方面へ向おうとしながら、それが種々な事情によって妨げられて、そこに改めて教育者として再生する覚悟をきめた人には、より力強いあるものがあるともいえましょう。

——続・修身教授録

3月29日

干からびて来る人

私は、本校の生徒諸君に対して「諸君は将来立派な先生になりなさい」とは、あまり言わないつもりです。本を読まないで、ただ立派な先生になれと言っただけでは、卒業後二、三年もたつと、もう干からびて来るからです。ですから私の平素申していることは「常に書物を読んで、卒業後独力で自分の道を開いていけるような人間にならねばならぬ」ということです。

誠実と言っても、真の内面的充実がなくては駄目です。人間も単に生まれつきの「人のよさ」というだけでは足りないのです。うっかりすると、その人の無力さを示すだけです。ですから、諸君らとしては、内面的な弾力のある人格を築かねばならぬ。それには何と言ってもまず読書です。そして次には実践です。

——修身教授録

3月
30日

卒業後の読書

わたくしの考えでは、学窓を出た直後からほぼ十年間の読書は、ほとんどその人の生涯の歩みを、決定するとさえ言えるであろう。

3月31日

人生の先決問題

人間の生き方には何処《どこ》かすさまじい趣がなくてはならぬ。
一点に凝集して、まるで目つぶしでも喰わすような趣がなくてはならぬ。
人を教育するよりも、まず自分自身が、
この二度とない人生を如何に生きるかが先決問題で、
教育というは、いわばそのおこぼれに過ぎない。

4月

1日　人身うけがたし
2日　ローソクを燃やし尽くす
3日　人生の真のスタート
4日　修業時代
5日　人生と立志
6日　正師を求めよ
7日　私が信じるもの①
8日　私が信じるもの②
9日　人間生まれ変わるには
10日　時間の無駄をしない
11日　生き方の種まき
12日　幸福のための三カ条
13日　自修の人
14日　自修の決心
15日　三つの段階
16日　下坐行
17日　巨人の歩んだ足跡
18日　伝記を読まねばならぬ時期
19日　本との縁づくり
20日　自己を築くこつと道具
21日　天の命あり
22日　因果を超える二つの途
23日　絶対観
24日　比較を絶つ
25日　実践の第一の秘訣
26日　即実行
27日　人事の三原則
28日　トップの姿勢
29日　仕事と睡眠
30日　休息

4月1日

人身うけがたし

現代の人々は、自分が人身を与えられたことに対して、深い感謝の念を持つ人ははなはだ少ないようであります。仏教には「人身うけがたし」というような言葉が昔から行われているのです。つまり昔の人たちは、自分が人間として生をこの世にうけたことに対して、衷心から感謝したものであります。

事実それは、この「人身うけがたし」という言葉のもつ響きの中にこもっていると思うのです。しかるに、自分がこの世の中へ人間として生まれて来たことに対して、何ら感謝の念がないということは、つまり自らの生活に対する真剣さが薄らいで来た何よりの証拠とも言えましょう。というのもわれわれは、自分が自分に与えられている、この根本的な恩恵を当然と思っている間は、それを生かすことはできないからであります。これに反してそれを「辱い」と思い、「元来与えられる資格もないのに与えられた」と思うに至って、初めて真にその意義を生かすことができるでしょう。

自分は人間として生まれるべき何らの功徳も積んでいないのに、今、こうして牛馬や犬猫とならないで、ここに人身として生をうけ得たことの辱《かたじけな》さよ！　という感慨があってこそ、初めて人生も真に厳粛となるのではないでしょうか。

――修身教授録

4月2日

ローソクを燃やし尽くす

いやしくも人間と生まれて、多少とも生き甲斐のあるような人生を送るには、自分が天からうけた力の一切を出し尽くして、たとえささやかなりとも、国家社会のために貢献するところがなくてはならぬでしょう。人生の意義などと言っても、畢竟《ひっきょう》この外にはないのです。すなわち人生の意義とは、たとえて申せば、ここに一本のローソクがあるとして、そのローソクを燃やし尽くすことだとも言えましょう。つまり半分燃やしただけで、残りの燃えさしをそのままにしておいたんでは、ローソクを作った意味に叶わないわけです。つまりローソクは、すべてを燃やし尽くすことによって、初めてその作られた意味も果たせるというものです。

同様に私達も、自分が天からうけた力の一切を、生涯かけて出し切るところに、初めて、小は小なりに、大は大なりに、国家社会のお役に立ち得るわけで、人生の意義といっても、結局この外にはないと言えましょう。

――修身教授録

4月3日

人生の真のスタート

諸君らは生まれて二十年、今こそここに志を立てるべき時です。だが諸君！　諸君らは、誓って死後にも生きるような人間になろう、という大志を立てたことが果たしてあると言えますか。しかしこのような志が真に確立しない限り、諸君らは真に深く自分の生命を愛惜するとは言えないでしょう。何となれば、真の精神は不滅であり、いかに凡人といえども、その生涯を深い真実に生きたなら、必ずやその死後、何らかの意味でその余韻を残しているからです。

こういうわけですから、諸君らとしても今のうちに、この「人生二度なし」という真理を痛感して、いささかでもよいから、その精神が死後にも生きるような人間になって戴きたいと思うのです。でなければ、せっかくこの世へ人間として生まれてきた意義はないと言えましょう。

同時にこの際大切なことは、人間がその死後にも生きる精神とは、結局はその人の生前における真実心そのものだということです。すなわち、その人の生前における真実の深さに比例して、その人の精神は死後にも残るわけです。

かくして人生の真のスタートは、何よりもまずこの「人生二度なし」という真理を、その人がいかに深く痛感するかということから、始まると言ってよいでしょう。

――修身教授録

4月4日

修業時代

なるほど現在諸君らの眼からは、人生の峠路は遙《はる》かなる雲際に隠れて見えないでしょう。しかし諸君たちは、その欲すると欲せざるとにかかわらず一日一日、否、一刻々々、この人生の峠路に向かって歩みつつあるのであり、否、只今も申すように、実はその一歩々々が、諸君らの方向を決定しつつあるわけです。思うに諸君たちが、将来社会に出て真に働くのは、まず四十代から五十代へかけてだと言ってよいでしょう。すなわち諸君らの活動が、諸君の周囲に波紋をえがいて、多少とも国家社会のお役に立つのは、どうしてもまず四十以後のことと言ってよいでしょう。

同時にまたこの事からして、われわれの心得ねばならぬ事柄は、それ故に人間は四十までは、もっぱら修業時代と心得ねばならぬということです。現に山登りでも、山頂まではすべてが登り道です。同様に人間も、四十歳まではいわゆる潜行密用であって、すなわち地に潜んで自己を磨くことに専念することが大切です。

——修身教授録

4月5日

人生と立志

われわれ人間の価値は、その人がこの二度とない人生の意義をいかほどまで自覚するか、その自覚の深さに比例すると言ってもよいでしょう。ところで、そのように人生の意義に目覚めて、自分の生涯の生を確立することこそ、真の意味における「立志」というものでしょう。

したがって人生の意義は、少青年の時におけるその人の志の立て方のいかんに比例すると言ってもよいわけです。すなわち人間の価値は、その人がこの人生の無限なる意味を、どれだけ深く自覚し、またそれをどれほど早くから、気付くか否かによって定まるとも言えましょう。

これ古来わが国の教育において、「立志」の問題が最も重視せられたゆえんであって、極言すれば教育の意義は、この立志の一事に極まると言ってもよいほどです。故にまた真に志が立つならば、ある意味では、もはやしいて教え込む必要はないとさえ言えましょう。というのも真に志が立ったら、自分に必要な一切の知識は、自ら求めて止まないからであります。

――修身教授録

4月6日

正師を求めよ

根本方向の定まらざる間は、如何に歩むも畢竟じて益なし。しかも人生の根本方向を教うるは、正師をおいて外になし。人は真の「正師」に接すれば、生涯歩まずにいられぬようになるものなり。それゆえ人はかゝる「正師」を、草を分けても探し求むべし。人生の意義というも、ついにこの一事の外なかるべし。

――下学雑話

4月7日

私が信じるもの①

私には根本的に信じていることが三つあります。第一は宇宙の大法、すなわち宇宙的真理そのものを信じます。例えば（一）「奢るものは久しからず」（二）また、たとえ一時はドン底に陥ってもヤケにならずに、じっとがまんし努力していれば、やがては微光が射しそめてくる等々。これらのことを信じなくては、たとえ哲学などやってみたとて本当の真理は分からず、生きる力とはならぬでしょう。私が「世の中は正直」というのも、つまりこうした「宇宙の大法」を信じていることから来る分かり易い表現です。

——不尽片言

4月8日

私が信じるもの②

第二にわたくしは民族を信じています。この方は第一の「宇宙の大法」を信ずるほどには行きませんが、しかし民族に対する根本的な信頼は失いたくないですね。尤もこの日本民族がどこまで真に信じられるかどうかは、窮極的には分からないわけですが、しかし「宇宙の大法」に次いでは信じたいですね。

第三には、わたくし自身に信じられると思う人は信じています。縁あって知り合った心の波長の合う人、そういう人を私は信じています。波長の合わない人は自然に疎遠になりますが、しかしわたくしにはそういう場合はメッタになく、時に多少のズレはあるにしても、大体例外はないのです。現在私が安心して生きてゆけるのは、以上三つの「信」によるともいえるわけです。

——不尽片言

4月9日

人間生まれ変わるには

ことしは縁があって皆さんたちの組を受け持つことになりました。去年受け持ちだった○○先生のお話によると、皆さんたちの組は、なかなかよくできる組らしいですが、この新学年からは、ひとつみんなが心を合せて、学校中でも一番リッパな組になりたいものですね。

ではその為にどうしたら良いかというと、それはみんながいつも腰骨のシャンと立っている人間になるということです。口でいうとたったこれだけの事ですが、しかしこれは仲々むつかしいことです。でもその代りにこれを守り抜いたら、人間が生まれ変ったようにリッパになれるのです。わたしなどもこれをやらなかった以前は、どこか人間がシャンとしない処がありましたが、数年前からこれをやり出したら、それを境に、まるで人間が生まれ変ったようになったのです。だから皆さんもこれをやり出すと、人間がシャンとしてきて、教室でのお勉強はもちろん、家へ帰ってからでも、テレビなんかに巻き込まれないで、勉強のやり抜ける人になれます。

――森信三全集 第二十四巻「腰骨を立てる教育」

4月10日

時間の無駄をしない

人間は、人生に対する根本の覚悟さえ決まっていれば、わずかな時間も利用できるようになるものです。してみれば人生のことは、すべては根本の決心覚悟の外ないわけです。実際「真面目々々」と口先ばかりでいくら言うてみたとて、それでどうなるものでもないのです。それというのもその根本に、右に申したような決心覚悟を欠くからです。

どうです諸君、真面目ということ一つでも、いろいろと考え方があるものでしょう。馴れっこになって、埃《ほこり》っぽくなれば、時々表皮をはがしてみるんですね。そうすると、そこからまた新たな滋味が出てくるものです。真の修養とは、何よりもまず人間が、内面的に強くなることです。他の一切のことは、すべてそれからのことです。

——修身教授録

4月
11日

生き方の種まき

皆さんが今日、種をまかねばならぬその種の中味は何かということだ。それはね、幸福の種だ。ある意味で、一番まちがいのない言い方をすると、人生の生き方の種まきなんだ。それを、皆さんの言いなれた言葉でいうと、幸せの種といえるだろう。

しかしね、これは大事なことなんだから、言っておくがね。幸せというものは、幸せを願ったら、とかく与えられんものだということですよ。これは今日私が、皆さんにお話ししたいことのうちの、最も大切なことの一つです。

幸福というものは、幸福を願ったら、かえって与えられない。そしてもっとほかのことを願ったら、その報いとして与えられるんだな。

——真理は現実のただ中にあり

4月12日

幸福のための三カ条

幸福獲得の三大秘訣
(一) 自分のなすべき勤め(責任)に対して、つねに全力を挙げてそれと取り組むこと。
(二) つねに積極的に、物事を工夫して、それを美事に仕上げること。
(三) 人に対して親切にし、人のために尽くす。
われわれ人間は、以上の三カ条を守ることによって、一応幸福や生き甲斐を手に入れることが出来るといえましょう。

——女人開眼抄

4月13日

自修の人

人は決して学校だけで完成されるものではないのです。人間としての深みや味わいは、学校のみにたよらず、常に他の半面、自ら自己を築いていく覚悟によって得られるものです。

つまり諸君らが教場において学ぶことは、いわば青写真のようなもので、それによって実地の建築を始めるには、どうしても教場以外の生活によらねばならぬのです。そしてこの教場以外の生活を大きく分ければ、結局は読書と実行と言ってよいでしょう。そのうち実行はとくに大事です。

とにかく人間は、「自己を磨くのは自己以外にない」ということを、改めて深く覚悟しなければならぬと思います。すなわち、われわれの日々の生活は、この「自分」という、一生に唯一つの彫刻を刻みつつあるのだということを、忘れないことが何より大切です。そしてこれすなわち、真の「自修の人」と言うべきでしょう。

――修身教授録

4月
14日

自修の決心

真の修身科は、いつも申すように、自分の一生の志を立てることが根本です。つまり、自分の生涯を貫く志を打ち立てるということです。人間も自己を修めないことには、真の人物になることはできません。このことを痛感して、自修の決心を打ち立てる時、そこに初めて真の修身科が始まるわけです。

今諸君らの身の上について申してみれば、学歴としてはわずかに師範の一部を出ただけでも、人間が真に命がけでやる気になったら、生涯かかって一体どれくらいのことができるものか、一つ生涯を賭けて試してみよう――という大決心を立てることです。

同時に一人の人間が実現したことは、そのまま万人にとっても可能だという道を開くことだとも言えましょう。すなわち躬をもって範を示すことになるわけです。

――修身教授録

4月15日

三つの段階

すべて物事は、三段階に分けて考えることができましょうが、この場合、最もいけないのは、口汚く叱りながら、後になっても、一向悪かったと思わない人間でしょう。次は事がすんでしまってから、「アアまで言わなくてもよかったのに」と後悔する人間。その次は、怒りの言葉が出そうになったその瞬間「アッここだ‼　ここだ‼」と喰い止める人間というふうに、大別してこの三種に岐《わか》れるでしょう。そして最後の、まさに起ころうとするに先立って「イヤイヤここだ‼　ここだ‼」と自ら制し得る人、これはよほど修養の至った人でないと、なかなかそこまではいけないですね。

——修身教授録

4月16日

下坐行

下坐行とは、自分を人よりも一段と低い位置に身を置くことです。言い換えれば、その人の真の値打よりも、二、三段下がった位置に身を置いて、しかもそれが「行」と言われる以上、いわゆる落伍者というのではなくて、その地位に安んじて、わが身の修養に励むことを言うのです。そしてそれによって、自分の傲慢《ごうまん》心が打ち砕かれるわけです。

すなわち、身はその人の実力以下の地位にありながら、これに対して不平不満の色を人に示さず、真面目にその仕事に精励する態度を言うわけです。つまり世間がその人の真価を認めず、よってその位置がその人の真価よりはるかに低くても、それをもって、かえって自己を磨く最適の場所と心得て、不平不満の色を人に示さず、わが仕事に精進するのでありまして、これを「下坐を行ずる」というわけです。

――修身教授録

4月17日

巨人の歩んだ足跡

いやしくも精神的偉人といわれるほどの人は、実に限りなく大きくかつ力強く、その生涯を生きた人々であります。否、偉人といわれるほどの人は、いずれも早くから自己の死を考えながら、その生涯を生きた人々といってよいでしょう。即ち、自分の何時死なねばならぬか分らぬということを覚悟しながら、最後の一呼吸まで、自己の行くべき道を歩み通した人々といってよいでしょう。

随って諸君たちが真に教育者たろうとされるなら、諸君らは何よりもまず、これらの精神的偉人について学ぼうと、心の腰をすえなければならぬでしょう。ところが偉人に学ぶには、何よりもまずその人の伝記を読むことが大切です。というのも伝記というものは、その人の歩んだ心の足跡の記録といってよいからです。

随って伝記を通して巨人の歩んだ足跡の一歩々々をたどりゆくことは、やがて又古人の精神を伺って、その内面界に入ってゆく一歩々々でもあるわけです。

4月18日

伝記を読まねばならぬ時期

人間は一生のうち、とくに伝記を読まねばならぬ時期が、大体二度はあると思うのです。そして第一は大体十二、三歳から十七、八歳前後にかけてであり、今一つは、三十四、五歳から四十歳前後にかけてです。そのうち最初の方は立志の時期であり、また第二の時期は発願の時期と言ってよかろうと思うのです。すなわち人間は十二、三歳から十七、八歳にかけては、まさに生涯の志を立てるべき時期です。すなわち一生の方向を定め、しかもその方向に向かっていかに進むべきかという、腰の構えを決めるべき時期です。しかもこの時期において、最も大なる力と光になるものは、言うまでもなく偉人の足跡をしるした伝記であります。

——修身教授録

4月19日

本との縁づくり

諸君、書物というものは、ただ撫《な》でるだけでもよいのです。ちょっとでも開いてみればさらによろしい。それだけでも功徳のあるものです。つまりそれだけでその本に縁ができるからです。いわんや一ページでも読んだとしたら、それだけ楔《くさび》を打ち込んだというわけです。

本を読む場合、分からぬところはそれにこだわらずに読んでいくことです。そうしてところどころピカリピカリと光るところに出合ったら、何か印を付けておくもよいでしょう。

そして一回読み終えたら、少なくとも二、三カ月は放っておいて、また読んでみるのです。そうして前に印を付けたところ以外にもまた、光るところを見つけたら、また新たに印を付けていく。そうして前に感じたことと、後に感じたことを比べてみるのは面白いものです。

——修身教授録

4月
20日

自己を築くこつと道具

書物というものは、義務意識で読んだんでは駄目です。義務意識や、見せびらかし根性で読みますと、その本の三分の一はおろか、五分の一の味も分からないでしまいます。

人間の地金《じがね》は、お酒の席でよく分かるものです。いい年をしながら、宴会を無礼講などと考え違いをして、勝手のいい放題をしているようでは、人間も一生浮かばれんですネ。

真の修養とは、人間的威力を鍛錬することです。無力なお人よしになることは、大よそ天地隔たることと言ってよいのです。つまり真の内面的な自己を築くことです。その人の前では、おのずから襟を正さずにはいられないというような人間になることです。

——修身教授録

4月21日

天の命あり

人々の多くは、要するに通《とお》った学校に入り、そしてそこで選んだ専門の部門を、自分の生涯の道とするというのが、大多数だといってよいであろう。しかしながら、今日のわが国の社会並に教育の実情よりすれば、それもあながちに咎《とが》めえないともいえるであろう。

かくして、そのような場合に対処する唯一の心得としては、「天」はつねにわれわれ人間の恣意《しい》を超えた処に導き給うとの信念に従って生きる外ないであろう。同時にこれは、一種の宗教的信念といってもよかろうが、しかし、これは、必らずしも特定の既成宗教によらなければ、得られぬというものではないといってよい。かくして自分の入学したのは、必らずしも自己が第一志望として希望した学部ではなかったとしても、そこに「天」の命ありと心の腰をすえて、取り組むことにより、やがてはかかる信念の誤りでなかったことが実証せられる日が来るといえるであろう。

――若き友への人生論

4月22日

因果を超える二つの途

因果というものは実に冷厳極まりないものです。わたくしなどもこうして年をとるほど、この事を痛切に感じる様になって来ました。処で因果を超えるというのに二つの途があるようです。その一つは、因果に対して積極的に取り組んで、つねに後手《ごて》に廻らぬ様にするということです。つまり先を見通してつねに先手々々と、手を打ってゆくということでしょう。

今ひとつは、それでも後手に回って遅れをとった場合は、それを「自業自得」として甘受して悩まぬということです。つまり因果の必然の理を深く認識して摂受する態度ですが、有限存在たるわれわれ人間としては、どうも後者の方が根本でしょう。そしてそれには、常に自己の「分」というものを心得ていることが大切です。

——不尽片言

4月23日

絶対観

自分の位置を人と比較せぬがよし。
一切の悩みは比較より生ず。
比較を絶したる世界へ躍入する時、
人は始めて卓立して、
所謂《いわゆる》、天上天下唯我独尊の境地となる。

——下学雑話

4月24日

比較を絶つ

他人と自己との比較を絶つには、なるべく比較の材料となるものに接近せず、ひたすらわが仕事に打込むがよし。

――下学雑話

4月25日

実践の第一の秘訣

実践＝実行の秘訣ですが、わたくしは、それは決意し覚悟を決めて、まるで断崖から身をおどらして飛び降りるようなつもりで、着手するほかはあるまいと思うのです。ところが世上多くの人は、この種のこつというか呼吸というか、それを知らないで、ただ頭の中で考えるだけですから、やがてそれをやるのは、めんどう臭いということになって、せっかくのよい考えも、つい実行に移されないで、そのまま消えてしまうことが、少なくないわけです。

つまり、せっかくよいことを考えても、単に頭の中で、青写真にしてみただけで、やがてまた、頭の中から消え失せるわけであります。

かくして実践の秘訣とは、要するに自分の思いついた考えは、時をおかず、ただちに実践に移すということであり、それには、一大決心、覚悟をもって、まるで断崖から身をおどらすようなつもりで、ただちに実行に移すことであります。同時に一旦着手しさえすれば、その後は比較的容易ですから、実践の秘訣は、結局まず着手するということであり、さらには、それへの、決意といってよいかも知れません。

――人生二度なし

4月
26
日

即実行

こうせねばならぬと思った瞬間、
間髪を入れず、直ちに実行に移すの工夫を力《つと》むべし。

——下学雑話

4月27日

人事の三原則

人事の「三原則」を列挙しますと

（一）原則として本人の意思に反して転勤させない

（二）去るものは追わず

（三）迎えるときは絶対厳選

まあ、これ以外にもいろいろと考えられましょうが、根本的にはこの三か条でしょうね。

この三つの原則のうちで、ある意味で一番大事なのは第一条です。なぜかといいますと、いやしくも一校主宰の重責に就いた以上は、部下の教師に関して一切選《よ》り好みをしてはならない、ということです。そこで、磨かれるんですからね、人間が。校長の教育者としての人間的鍛錬はこの第一条によって可能になるんですな。

そもそも校長なる人が、その部下に対して、いわゆる選り好みをするということは、もうそれだけで、校長としての根本資格において欠けるところがあるといってよいぐらいです。ところが世の校長の中には、とかく、自分の意に沿わない部下がありますと、「あの○○君さえいなくなれば、この学校の運営もスムーズにいくんだが……」というふうに考えて、本人の意向を無視して、無理にも他へ転出させる人が少なくない。ですが、妙なものでね、それがいなくなれば、うまくいくと思っていたのにあにはからんや、そうは問屋がおろさず、次にはまた別の目障りになる教師が出現するんだね。

それというのも、問題は根本的に部下職員にあるというよりも、むしろ、自分自身にあるわけです。まあ、私は校長の修業の根本は、この一条を守るか否かにあると思いますね。

——致知（1985年5月号）

4月28日

トップの姿勢

たとえていえば、学校に入ったらこの学校が果して何段であるかということが、もう一分とかからないうちに分かる。それは生徒の履物の揃え方です。だらしがないところは駄目です。これが一番手っとり早い。それから自転車置き場を見たら、スーッとみんな同じ方向になっているのはいいとかね。校庭に雑草やゴミがあるのも駄目ですね。等々……。でも再建の一番の根本は、最高の人がゴミを拾うことです。学校でいえば校長ですよ。それで誰にもお説教を全然しないで、黙々としてトップが最下座の仕事をする。そうすることが自分の肩書きをおとしめるなんて思っている程度だったら、もう話にならんですよ。やっぱり信念は一貫しないと駄目です。

口外でもしたら、チューブに穴をあけたようなもんですよ。三十一歳になるある中学の体育教師がいる。その人は、毎日、学校でみんなが一番やりたがらないトイレ磨きをしているんです。それを「生徒にせよ」といわないで、自分が黙々とやっている。あの若さで偉いですよ。ひたすら黙々たる実践をしている。そして彼は便所掃除とはいわないで「トイレ磨き」といっている。トイレ磨きは自分を磨くといっている。生徒の方も、先生のその姿に打たれて、率先してやるようになった。

そして、これは学校の再建よりも会社の再建に、もっともっと通じるものがあるんじゃないでしょうか。

——致知（1985年2月号）

4月29日

仕事と睡眠

睡眠というものは、必要に応じて伸縮自在なるべく、「何時間寝なければならぬ」というような固定観念を打破して、必要に応じては五時間、三時間はもとより、時には徹夜も敢えて辞せぬというくらいの覚悟が必要でしょう。

そしてその場合大事なことは、「昨夜は何時間しか寝ていないから、躰に障わるに違いない」というような考え方を一擲《いってき》して、「ようし‼昨夜は正味三時間半しか寝ていないが、これで七時間、八時間も寝ていた連中と同じ仕事をして、一体どれほど遜色《そんしょく》なくやってのけられるか、ひとつ験《た》めしてみよう。それには全く絶好の機会だ‼」と考え、全力を挙げて仕事と取り組むわけで、これも人生を真剣に生きる上での一つの秘訣といえましょう。

――不尽片言

4月
30日

休息

休息は睡眠以外には不要——という人間に成ること。
すべてはそこから始まるのです。

——森信三一日一語

一日は一生の縮図なり

一日は一生の縮図なり

5月

1日　天分を発揮するには①
2日　天分を発揮するには②
3日　「生」のスタートの秘義
4日　ひそかなる決意
5日　逆境を順境に
6日　やり抜けば火が点る
7日　しつけの三原則
8日　親子の絶対的関係
9日　親はなぜ大切か
10日　親の恩
11日　職業即天職
12日　仕事に取り組む態度と方法論
13日　すぐにその場で
14日　雑事雑用
15日　この世を愉快に過ごす
16日　人間の一生の象徴
17日　人生の師
18日　人間的甘さ
19日　本物の決心覚悟①
20日　本物の決心覚悟②
21日　心のバロメーター
22日　真の読書
23日　よく仕える人にして
24日　目下の人に対する心得
25日　上下関係の心得
26日　礼
27日　階段を昇る時の工夫
28日　心の準備
29日　大差を生ず
30日　人を知る五つの視点
31日　人間の花を咲かせる

5月1日

天分を発揮するには①

われわれは、一体何のために学問修養をすることが必要かというに、これを一口で言えば、結局は「人となる道」、すなわち人間になる道を明らかにするためであり、さらに具体的に言えば、「日本国民としての道」を明らかに把握するためだとも言えましょう。またこれを自分という側から申せば、自分が天からうけた本性を、十分に実現する途を見出すためだとも言えましょう。

井戸水も、これを釣瓶《つるべ》で汲み出さなければ、地上にもたらして、その用に充てることはできず、また鉱物や鉱石もそのまま地中に埋れていたんでは、物の用に立たないように、今諸君らにしても、たとえその素質や才能は豊かだとしても、諸君たちが真に学問修養によって自己を錬磨しようとしない限り、その才能も朽ち果てる外ないでしょう。

——修身教授録

5月2日

天分を発揮するには②

自己の天分を発揮するということですが、この天分の発揮ということは、実は単に自分のことだけを考えていたんでは、真実にはできないことであります。すなわち人間の天分というものは、単に自分本位の立場でこれを発揮しようとする程度では、十分なことはできないものであります。

ではどうしたらよいかというに、それには、自分というものを越えたある何物かに、自己を捧げるという気持ちがなければ、できないことだと思うのです。

――修身教授録

5月3日

「生」のスタートの秘義

「われわれ人間というものは、元来自分自身の意志と力によって、この地上に生れて来たものは一人もない」という絶対的事実、これの認識こそが実は最重大であり、これこそがわれわれ人間のもつ一切の認識の中でも、おそらくは最高最深の認識といってよかろうと思うのであります。

同時にこの点は、もしこれと関聯《かんれん》せしめて、率直な言い方をいたしますと「われわれ人間は、自ら親を選んでこの世に生まれ出たものは一人もない」ということであります。このように申しますと「そんなことは判りきったことではないか」と一笑に付せられる人もおありかと思いますが、実はこれは大へん大事なことでありまして、これからお話する「孝の哲理」における最根本的な認識になるのであります。

われわれ人間には、親を選んでこの地上に生まれ出るという「選択」の自由なるものは絶対に許されていない――ここにわれわれ人間の「生」のスタートの秘義があるわけであります。

5月
4日

ひそかなる決意

われわれ人間は、この人生に対して「ひそかなる決意」を以って生きるようでないと、この二度とない人生も、ついに無意味に終わると思うのであります。ではわたくしがここに「ひそかなる決意」というのは、一体如何なることをいうのでしょうか。

そもそも人間というものは、自分の将来に対してつねに理想を抱いているというだけで、実はまだ足りないと思うのです。即ち単に理想を描くというだけでなく、さらにそれを実現するための基盤となり足場となるものを、すでに今日より培いつつあるでなくては、いかに遠大な理想といえども、結局は一場の幻という他ないでしょう。そうして、理想が大きければ大きいだけ、その危険も多いわけであります。

随って諸君らは、現在自分の抱いている理想に対して、今日からすでに黙々として、その足場となり土台となるものを、人知れずひそかに築きつつあるようでなくてはならぬと思います。

――続・修身教授録

5月5日

逆境を順境に

マラソン競走には、学校からいや応なしに走らされるから――と考えて、いやいやながらグラウンドを駈けて居る人があったとしたら、世にこれほど悲惨なことはありません。之に反して、丁度良い機会だから、暑さに対して、どの程度耐え得るものか、ひとつ試してみよう――と考えて走るんです。そして、前回にはこのような暑さの日に、二十分間に二十五回廻れたが、今日は果たして何回走れるか、今試している処だ。自分としてはこういう考えで、いま精根を傾けて走っているのだが、先生方はそうとも気付かずに唯《ただ》眺めていられるらしい。だがそれも、自分の行を盛にする為に、見ていて下さるわけであり、その上に学友たち迄《まで》一しょに走って応援してくれているのだ――というふうに、考え方を根本的に転回すれば、マラソン競走一つが、実に興味津々たるものになりましょう。

かくして人生は、これまで逆境とばかり考えていたことも、自分の考えを変えさえすれば、一転して順境となり、ともすれば奴隷になろうとしていた自己も、一転して英雄ともなれるのです。

――森信三訓言集

5月6日

やり抜けば火が点る

すべて人間というものは、たとえ頭脳は大した人ではなくても、その人が真に自覚さえすれば、一個の天地を拓くことが出来るものです。

だから人間は、世間的な約束事などには囚われないで、自分のしたいことは徹底的にやり抜くんです。

そうすれば、そこに一つの火が点《とも》されます。

如何に長いトンネルでも、掘る手を止めねば、何時かは必ず貫通するようなものです。

――森信三訓言集

5月7日

しつけの三原則

一、朝、必ず親に挨拶をする子にすること。

二、親に呼ばれたら必ず、「ハイ」とハッキリ返事のできる子にすること。

三、ハキモノを脱いだら、必ずそろえ、席を立ったら必ずイスを入れる子にすること。

このしつけのコツはというと、まず、母親自身が、ご主人に対して朝の挨拶をハッキリするようにし、また、ご主人から呼ばれたら、必ず「ハイ」とはっきりした返事をするように努力することです。

この「ハイ」という一語によって、その人は「我」を捨てるわけです。つまりそれまでの意地や張りの一切を投げ捨てるわけです。同時に、それによって当の本人はもとより、一家の人びとの雰囲気までが変わりだす。

——致知(1985年11月号)

5月8日

親子の絶対的関係

「親すぐれたるがゆえに敬するに非ず、親たる事実のゆえに敬するのである」というコトバですが、親は子にとっては相対的関係ではなくて、絶対的存在だということです。要するに優劣・善悪・好悪という比較判定の生ずる相対的関係を超えたいのちの絶対的なつながりだということです。逃げようにも逃げられない、切ろうにも切ることのできない生命的紐帯《ちゅうたい》によって結ばれた絶対的な関係だからであります。

それゆえお互い人間は、その対人関係において、快・不快という相対的な感情から脱しえないのでありますが、しかしこの親子の関係のみは、正に生命の絶対的なつながりでありますから、もしこれをないがしろにしたら生の根源たる天地の恩恵をわすれた忘恩の徒と言わざるを得ないでしょう。おのが「生」をみつめいのちの根源に合掌する他ないのが、われわれ人間存在なのであります。

5月9日

親はなぜ大切か

親は何故に大切にしなければならぬのでしょうか。それはわがこの生命を生み、かつ今日にまで育ててくれた大恩があるからです。しかもわれわれは、このようにひとりわが一身のみならず、わが生命の親たる父母も、またその親たる祖父母も、無窮の祖先から子々孫々に至るまで、無量の生命が存続して、今日に及んでいるのであって、ひと度このことを考える時私達は、無限の感慨に打たれずにはいられないのです。

何となれば、無窮なる民族生命の無限の流れの末端に、この私も生かされている一人だからです。それはあたかも、日本民族という無限に大きな巨木があって、私というこの一人の人間の生命は、いわばその一枚の木の葉に当たるとも言えるからです。しかもこのような感慨は、自分の生命に対して深い愛惜の念を抱き得ない者に、どうして、深い実感をもって感受することができましょう。

まことに天地を貫く人生一切の真理その真の把握は、畢竟《ひっきょう》自らの生命の真義に徹する外ないのです。実際私には、この天地人生の深い趣も、自分の生命の愛惜感に深く徹していくところに、しだいに開かれてくるように思われるのです。

――修身教授録

5月
10日

親の恩

親の恩が解らなかったと解った時が、真に解りはじめた時なり。
親恩に照らされて来たればこそ、即今自己の存在はあるなり。

——下学雑話

5月11日

職業即天職

現在国民の多くは、職業がわれわれ人間にとって衣食の道であり、それによって自己の「生」の支えられていることは知っているが、しかしそれが自己の天分を発揮し実現すべき唯一の道だという点について、真に深く確認している人となると、意外にも少ないのではないかと思われるのである。

だがもしそうだとしたら、世にこれほどの不幸はないとも言えるであろう。何となれば、この現実の根本信念にして真に確立せられない以上、その人の生活は、つねに二途に分裂していると言ってよいからである。即ちその時人々の生活は、現実的には日々従事している自己の職業によって支えられていながら、しかも自分の天分はそこにはなくて、何処か他の場所にあるかのような、一種の観念的な錯覚ないしは妄想から、終生ついに脱し得ないとしたら、世にこれほどの悲惨事が他にあるであろうか。

しかもわたくしの考えるところでは、われらの国民のうちには、こうした一種の見えない亡霊から完全に脱却している人は、もし突きつめたら、意外に少ないのではないかと思うのである。

――人生論としての読書論

5月
12日

仕事に取り組む態度と方法論

「仕事」に取り組む態度の問題ですが、第一には何としても肝要なのは本気ということで、また積極的態度ともいえましょう。第二は集中統一、第三は耐久持続ということが問われると思うのであります。しかもビジネスマン社会にあっては、単にそれだけではなく、方法なり結果が常に問題となるわけであります。

仕事に取り組む方法論としては、

①仕事の大小、軽重をよく認識し、仕事の手順をまちがえないこと、とりわけ小事を軽んじないことが大事であります。

②できるだけ迅速にして、しかも正確を期するよう努めること。

③常に問題意識を持ち、仕事の処理に関する創意工夫を怠《おこた》らないこと。

④他との協調・協力を惜しまないこと。

⑤さらに結実の成果を上げることは必然であり、常に会社なり、組織体への貢献度の如何《いかん》が問われるわけであります。

――父親のための人間学

5月13日

すぐにその場で

われわれ人間は、日々自分の当面する事務的な事柄や世俗的な雑事の重圧を、いかにして切り抜けたらよいか——という問題は、わたくしたちの日常生活の上にたいへん大事な事柄です。

ではどうすればよいかというに、それは原則的には、「すぐにその場で」片づけるということでしょう。

そしてこれこそが、この難問に対する唯一にして、かつ最上の秘訣と申してよいでしょう。

——不尽片言

5月14日

雑事雑用

日常の雑事雑用をいかに巧みに要領よくさばいていくか——
そうしたところにも、人間の生き方の隠れた呼吸があるということです。

——致知（1985年11月号）

5月
15日

この世を愉快に過ごす

人間は、この世の中を愉快に過ごそうと思ったら、なるべく人に喜ばれるように、さらには人を喜ばすように努力することです。つまり自分の欲を多少切り縮めて、少しでも人のためになるように努力するということです。

――修身教授録

5月16日

人間の一生の象徴

わたくしの考えでは、人間の一生を最終的に象徴しているものは、結局われわれが日々過しつつあるこの一日一日の外ないと思うのである。

では何故わたくしはこのように、一日の意義をもって、人生における最終的止どめを刺すものと考えるかというに、そこには大別して二種の根拠があるようである。即ちその一つは、われわれの過しているこの一日々々は、実はわれわれの一生を形成している最終的に確実な単位といってよいからである。即ち如何に卓《すぐ》れた業績を挙げた人々にしても、現実的には生涯における最終的単位としての一日一日を、真に充実して生きた人々であって、そのように充実して生きた一日々々を無視しては、人は如何なる業績も不可能といってよいであろう。

——若き友への人生論

5月
17日

人生の師

われわれ人間というものは「師」を持たなければならぬ、もしそれが終生をつらぬく「人生の師」であったら、それはこの世における最上のしあわせであるともいえましょう。

それはどうしてかと申すなれば、書物に書かれた真理を平面的だとすれば、「師」を通して得られる真理は立体的だからであります。

と申しても、決して書物が無用だなどという意味では毛頭ありませんが、しかし書物以上に、人生の深い真理は、一人の生きた人格において初めて生かされているからであります。

かくして、人生の真理について、身を以て探求しようとする人は、まず自分と縁のある人びとの中で、自分がもっとも深く尊敬できると共に、その人間類型の上に、どこか一脈相通じうるものを持っている人を「師」として立て、心を空しゅうしてその方に学びながら、しかも反面には、真に自分を育てる者は自分以外にはなく、そうした点からは、いかに卓《すぐ》れた「師」といえども、こちらにそれだけの確乎《かっこ》とした心構えがなければ、いかんともし難いものだという、この人生最深の真理をしっかりと身につけることが大切だと思うのであります。

——全世代に贈る新たなる「人間の学」

5月18日

人間的甘さ

卓れた方を「人生の師」として仰いだならば、もはやそれ以外には何物も不用かというと、そうは言えないのでありまして、その上さらに逆境の試練が必要だと思いますが、それは一たい何故でしょうか。

われわれ人間は、その素質がいかにリッパであり、如何に人生の指導者たる師がリッパな人であっても、それだけでは、いわばまだハガネを火で熱したというだけであって、それをさらに金槌《かなづち》で徹底的にたたいて鍛え上げなければ、リッパな刀にはならぬのと同様であります。同様にわれわれ人間も、現実の逆境によって、鍛えに鍛えられて、自分の素質の中に混じっている色いろな不純物が徹底的に取り除かれなければならぬわけであります。

それは、人間は苦労することによって、この世の中の厳しさが分かるということでありまして、それは言いかえますと、人間の甘さが除かれるということでもあります。


――全世代に贈る新たなる「人間の学」

5月19日

本物の決心覚悟①

志学という言葉は、諸君らもすでにご存じのように、論語の中にある言葉です。すなわち「吾れ十有五にして学に志す」とあって、孔子がご自身の学問求道のプロセスをのべられた最初の一句であります。（中略）

そこで、今孔子のこの言葉の真意を考えるに当たり、われわれの注意を要する点は、ここで「学」と言われている言葉の真の内容が、いかなるものであるかを知ることでしょう。ここで孔子が「吾れ十有五にして学に志す」と言われたこの「学」というのは、普通にいわゆる勉強を始めたとか、ないしは書物を教わり出したなどという程度のことではないようです。それというのも、ここに「志学」と言われたのは、いわゆる大学の道に志されたということであって、孔子は十五歳にして、すでに大学の道に志されたのであります。

ではそのいわゆる大学の道とは、一体いかなるものを言うのでしょうか。これは、諸君らもすでに一応は心得ていられるように、わが身を修めることを中心としつつ、ついには天下国家をも治めるに至る人間の歩みについていうのです。してみると孔子はすでに十五歳のお若さで、ご自身の一生を見通して、修養の第一歩を踏み出されたわけであります。すなわち十五歳の若さをもって、すでに自分の生涯の道を「修己治人」の大道にありとせられたわけであります。

——修身教授録

5月20日

本物の決心覚悟②

諸君らも、かような話を聞かされた場合にはそれに感激もし、またその場では一応決心もされるでしょう。しかし一旦その場を去れば、多くはたちまち忘れてしまって、その感激は永続しがたいだろうと思うのです。それというのも、人間というものは、単に受身の状態で生じた感激というものは、決して永続きのしないものだからであります。

ところが永続きしないものは決して真の力となるものではありません。このことは、たとえば電車や自動車などでも、運転の持続している間こそ、その用をなしますが、一たびその運転が止まれば、せっかくの自動車も飛行機も、一塊の金属の堆積《たいせき》と違わないわけです。否、なまじいに図体が大きいだけ、始末におえぬとも言えましょう。したがって人間の決心覚悟というものは、どうしても持続するものでないと本物ではなく、真に世のため人のためには、なり得ないのであります。

——修身教授録

5月21日

心のバロメーター

われわれとしては、仮に日々善行はできないとしても、せめて書物だけは、毎日多少でも読むように努めなければならぬと思うのです。ところが食物ですと、一食たべなくてもすぐに体にこたえます。否、一食どころか、一時間遅れても大不平でしょう。おそらく諸君も、食堂をあけるのが十分遅れても文句たらたらでしょう。

ところが肝心の心の食物となると、何日抜けようと、一向平気な人が多いようです。しかし人間も、読書しなくなったら、それは死に瀕した病人が、もはや食欲がなくなったのと同じで、なるほど肉体は生きていても、精神はすでに死んでいる証拠です。ところが人々の多くは、この点が分からないようです。それというのが、人々は、欲をもって心と誤り考えているからでしょう。だから「お前の心はもう死んでいるぞ」と言われても「何、そんなことがあるものか」と一向平気でいるのですが、心が生きているか死んでいるかは、何よりも心の食物としての読書を欲するか否かによって、知ることができるのです。

これこそ自分の心の死活をはかる、何よりのバロメーターと言ってよいでしょう。

――修身教授録

5月22日

真の読書

真の読書というものは、自己の内心の已《や》むにやまれぬ要求から、ちょうど飢えたものが食を求め、渇した者が水を求めるようであってこそ、初めてその書物の価値を十分に吸収することができるのであって、もしそうでなくて、研究発表だとか、あるいは講演に行かねばならなくなったからなどといって、急にあちこちと人に聞きまわって読んだような本からは、同じ一冊の本を読んでも、その得るところは半分、否、三分の一にも及ばないでしょう。というのも内心の要求から出たのでなくて、外面的な義務や強制に迫られて読んだ書物というものは、いわば腹の減らぬのに食べた食物みたいに、不消化なものだからです。

そこで今諸君らにしても、いやしくも自分の前途を展望して、将来ひとかどの人物になって活躍しようと思うなら、今日から遠大な志を立てて、大いに書物を読まねばならぬでしょう。それというのも、一人の人間の持つ世界の広さ深さは、要するにその人の読書の広さと深さに、比例すると言ってもよいからです。

——修身教授録

5月
23日

よく仕える人にして

目下の人に対する思いやりというのは、まず自分自身が、目上の人に対してよく仕えるところから生まれてくると思うのです。世間でも、「人に使われたことのない人に仕えるのはつらい」と申しますが、まったくその通りで、人に仕えたことのない人は、どうしても人に対する思いやりが欠けやすいものです。つまり人間というものは、実地身をもってそこを経験しないことには、単に頭だけでは察しのつかないところがあるわけです。

これはさらに進んで申せば、たとえその人の人柄は立派でありましても、世の中の苦労をしたことのない人は、どうしても十分な察しとか、思いやりのできないところがあるものです。つまり世の中のことは、実地に自ら経験したことでないと、察しがつきにくいものだからです。

――修身教授録

5月24日

目下の人に対する心得

目下の人に対する心得の一つとして、目下の人だからといって、言葉遣いをぞんざいにしないように――ということでしょう。これはうっかりすると気付きにくい点ですが、大体人間の人柄というものは、その人が目下の人に対する場合の態度、とくにその言葉遣いによって分かるものであります。

ところで面白いことには、目下の人に対して傲慢《ごうまん》な人に限って、多くは目上に対しては阿《おもね》る人が多いということです。つまり目上の人には慇懃《いんぎん》すぎるほど馬鹿丁寧な人に限って、ひとたび目下の人に対すると、急に横柄な言葉になる人が多いようです。こういう人は、自分のそうした態度がいかにさもしいかということが分からないのでしょう。

5月25日

上下関係の心得

人間というものは、自分より目下の人から、思いやりのある人と慕われるような人間になるということ、必ずしも容易なことではないわけです。これは立場をかえて、諸君ら自身が下級生から見られた場合、果たして懐かしまれ尊敬せられているか、それとも煙たがられているかということを、一つ自惚《うぬぼ》れ心を去って考えてみるがよいでしょう。

このように人間というものは、その本性としては、何人も内に仁心を宿していながら、さてこれを磨き出すということになると、なかなか容易なことではないのです。一箇の人格ができ上がるには、いろいろな方面がありますが、いま上下という関係から見ますと、自分より上の人に対する心がけと、自分より下の人に対する心得とに、つづめて考えることができましょう。すなわち「敬愛」の二字につづまると言えるわけです。かくして人間は、このように長上と目下の人々に対する心がけという点からも、自己を磨くことができるわけであります。

——修身教授録

5月26日

礼

私は教育において、一番大事なものとなるものは、礼ではないかと考えているものです。つまり私の考えでは、礼というものは、ちょうど伏さっている器を、仰向けに直すようなものかと思うのです。

器が伏さったままですと、幾ら上から水を注いでも、少しも内に溜《とどま》らないのです。ところが一たん器が仰向きにされると、注いだだけの水は、一滴もあまさず全部がそこに溜るのです。

これはまさに天地の差とも言うべきでしょう。実際人間は、敬う心を起こさなければ、いかに優れた人に接しても、またいかに立派な教えを聞いたにしても、心に溜るということはないのです。私がよく申す、批評的態度がよくないというのも、結局、批評的態度というものは、ちょうどお皿を縦に立てておいて、そこへ水を注ぐようなもので、なるほど一応湿りはしますが、しかし水はすぐに流れて、少しも溜りっこないのです。そして結局は、濡れただけというのがおちというものです。

――修身教授録

5月
27日

階段を昇る時の工夫

諸君は階段を昇るとき、まるで廊下でも歩くように、さらさらと昇る工夫をしてごらんなさい。というのも人間の生命力の強さは、ある意味ではそうしたことによっても、養われると言えるからです。階段の途中に差しかかって、急に速度がにぶるようでは、それはその人が、心身ともにまだ生命力の弱い証拠と言ってもよいでしょう。と申すのも、この場合階段というものが、やがてまた人生の逆境にも通ずると言えるからです。

この辺の趣が分からなくては、その人の人生もまだ本格的に軌道に乗ったとは言えないでしょう。

——修身教授録

5月28日

心の準備

お互い人間は、逆境の時でも、はたの人から見て、苦しそうに過ごすものではないとも言えましょう。つまり階段の途中まできても、平地を歩くと同じような調子で登るのと同じように、人生の逆境も、さりげなく越えていくようにありたいものです。

しかしそのためには、非常な精神力を必要とするわけです。階段をさらさらと登るには、二倍の力ではなお足りないでしょう。少なくとも三倍以上の、心身の緊張力を持たねばできない芸当です。

同時にここに人生の秘訣もあるわけです。つまり人間というものは、ある意味では常に逆境に処する心の準備をしていなくてはいけないのです。もう一つ突込んで言えば、人間は毎日逆境に処する際の心構えをしていなくてはいけないとも言えましょう。それが先ほど申したように、階段を登る際の呼吸ともなるわけです。

ところが、このような逆境に処する心構えというものを、もう一つ突きつめますと、結局は、死の問題となるわけです。そこで私達は、日々死に対する心構えを新たにしていかねばならぬ、ということにもなるわけです。

——修身教授録

5月
29日

大差を生ず

自覚的なる没頭は功を為し、無自覚なれば居睡《いねむ》りに堕す。
同じく田を耕すにも、
単に一日の仕事として耕すか、一家を憂えて耕すか、
はたまた一国を念頭において耕すかによって、
そこに描かれる波紋にも小大無量の差を生ずべし。
しかもその現れたる処は、畢竟じてみな田を耕すに過ぎず。

――下学雑話

5月30日

人を知る五つの視点

人を知る標準としては、第一には、それがいかなる人を師匠としているか、ということであり、第二には、その人がいかなることをもって、自分の一生の目標としているかということであり、第三には、その人が今日までいかなる事をして来たかということ、すなわちその人の今日までの経歴であります。そして第四には、その人の愛読書がいかなるものかということであり、そして最後にその人の友人いかんということであります。

大よそ以上五つの点を調べたならば、その人がいかなる人間であり、将来いかなる方向に向かって進むかということも、大体の見当はつくと言えましょう。

——修身教授録

5月31日

人間の花を咲かせる

花は一旦咲き出すと、次々と一時に咲くものである。
人間もそれまで持久できるようでなければ本物ではない。

――森信三訓言集

6月

1日 生涯自己陶冶
2日 不幸が教えるもの
3日 人生の中間目標を定める
4日 勝縁
5日 情熱と意志力
6日 感激家たれ
7日 読書の三大部門
8日 人間の修養
9日 人生の基礎的修練
10日 信念の力
11日 恋愛と結婚
12日 人間形成の三大条件
13日 天職に徹する
14日 個性発揮の道
15日 梅雨
16日 神は公平そのもの
17日 逆境の心得
18日 好悪の感情を交えず
19日 天地は最上の書籍
20日 リズム
21日 優劣の差
22日 人を大成せしめるもの
23日 仕事の優先順位
24日 とにかく手をつける
25日 拙速主義
26日 態度はどうか
27日 おめでたさを削りとる
28日 態度二様
29日 真理をつかむ
30日 短歌①

6月1日

生涯自己陶冶

「真理は現実の唯中にあり」というのが、わたくしの学問観の根本でありますから、こういう生きた真理を噛みしめることが、わたくしにとっては何より大事であり、かつ楽しいことなのです。ところで、では血すなわち遺伝的素質というものが、その人の一生を決定づけるかというと、必ずしもそうとは言えないと思うのであります。

と申しますのも、なるほど血は人間形成の上では重要な先天的基盤ではありますが、しかしこれがすべてを決定づけるとは到底考えられないのであります。いかに父祖伝来のリッパな田畑を受けついだとしても、これを手入れし、これを耕やさなければ、いかなる沃土《よくど》もついには、やせ地になり下ってしまうのは申すまでもないからです。同様にいかによき素質の珠玉を与えられたとしても、これに鍛えと磨きを加えなくては、せっかくの宝も持ち腐れに終ってしまうのであります。

われわれ人間も全く同様でありまして、己がいのちの果てるまで終生学習と研鑽《けんさん》を積まねばならぬわけでありまして、近頃「生涯学習」ということが叫ばれる様になったゆえんであります。

——現代における孝の哲理

6月2日

不幸が教えるもの

人間は、現在自分の受けつつある不幸を、単に自分ひとりが嘗めさせられていると考えるか、それともこうした不幸によって、自分の甘え心を取り去るために神の深い計らいが働いていると気づくかにより、その人の一生にとって、実に大きな分かれ目になると思うのであります。

同時にまた人間は、現在自分の受けつつある不幸が、実は神の深い御心だということが分かり出しますと、これまで自分ひとりが不幸に嘆《なげ》き悲しんでいると考えていたのに、この広い世間には、自分と同様の悲しみを抱いている人や、さらにはより深い悲しみをもっている人の少なくないことが、次第に見えてくるのであります。

――女性のための「修身教授録」

6月3日

人生の中間目標を定める

諸君等は一応四十歳を目標として、これから二十年間勉強するのです。それは人間も四十頃になりますと、ぼつぼつ人生の終局としての「死」が見えて来ます。そこで「死」に至る中ほどの地点に、四十歳という中間目標を定めるわけです。かく中間目標を定めることによって、その人物の大成が期待されると云えましょう。

ですから諸君らも、今からそのつもりになってこの道を歩まれたら、たとえ小学教師をしていても、必ずや独自の道を開拓されるでしょう。

——森信三訓言集

6月4日

勝縁

小学教師も、何か一科目については、相当度の教養をもつことが望まし。
これ然るべき人に即《つ》きさえすれば、何人にも不可能にあらず。
問題は然るべき人に即くか否かによるのみ。
しかも縁は求めざるには生ぜず。
内に求めるの心なくんば、たといその人の面前にありとも、
ついに縁を生ずるに至らずと知るべし。

――下学雑話

6月5日

情熱と意志力

人間の偉さというものは、大体二つの要素から成り立つと思うのです。すなわち一つは、豊富にして偉大な情熱であり、次には、かかる豊富にして偉大な情熱を、徹頭徹尾浄化せずんば已《や》まぬという根本的な意志力であります。

かくして情熱というものは、人間の偉大さを形づくるところの素材であり、その基礎と言ってもよいでしょう。したがってまた始めから情熱のない干からびたような無力な人間は、いわば胡瓜《きゅうり》のうらなり見たいなもので、始めから問題にならないのです。なるほど情熱は、それがいつかは浄化せられるのでなければ、真の人格内容とならないことは、今さら申すまでもないことですが、しかし他の半面、情熱のない人間は、いわばでくの坊であって、何ら手の下しようがないとも言えましょう。なるほど情熱は、それ自身では汚くもあって、そのまま人様の前へむき出しに、露出することのできるしろものではないのです。しかしながら、一たびそれに浄化の火が点ぜられたならば、そこには俄然として、大なる人格活動が開始するのです。

かくして人間は、軍艦が重油の切れたときにストップするように、内なる情熱の枯れ果てた時、その進行は止まるのです。すなわちその時人間は、生きながらミイラとなり、文字通り生ける屍《しかばね》となるのです。教師というものは、とかくこういう種類の人間になりやすいものですから、お互いに深く注意を要すると思うのです。

——修身教授録

6月6日

感激家たれ

真に大きく成長してやまない魂というものは、たとえ幾つになろうと、どこかに一脈純情な素朴さを失わないものです。そこで諸君たちとしては、自分に情熱の乏しいことを悲しむ必要こそあれ、自分は感激家であるということに対して、ひけ目を感じる必要はないと思います。その上、さらに一歩をすすめて、感激を安っぽく仰山そうに現さないで、内に深く燃やしつづけるような工夫をこそなすべきでしょう。

世間では、哲学者というものは、冷静でなくてはならぬと言われていますが、そしてそれにも一面の道理がないわけではありませんが、しかしこの言葉をもって、哲学者とは何ら情熱も感動もないもののように考えたら、それは大きな誤りだと言えましょう。それというのも、真の哲学の世界は、実に果てしも知れぬ深くして、かつ大いなる感動の世界でなければならぬからです。そして真の哲学とは、このような偉大な情熱の澄み切るところに、初めて生まれ出るものだからです。

――修身教授録

6月7日

読書の三大部門

書物というものは、結局この無限に複雑多彩な人生ならびに現実界の反映であり、その縮図であるといえましょう。したがって書物を読むということは、そうした無限に複雑な人生ならびに現実界の一端について知る上での最適な一便法《べんぽう》といえましょう。

もっともこれは読書の意義について、いわば巨視的大観の立場に立って申したまででありまして、主観的にはどういう価値があるかと申しますと、(一)われわれ自身がこの二度とない人生をいかに生きるかという、人間の生き方を学べるということ。(二)自己の職業に関する専門的知識を吸収できるということ。(三)真の意味における広く豊かな教養を身につけ得るのではないでしょうか。

そしてこれがまた、われわれにとって必要な読書の三大部門と申せましょう。ですから、これらの三大部門については、たとえそのうち一つの部門だけでも、読まないよりはましだといえましょうが、しかし理想としては、こいねがわくはこれら読書の三大部門が、ほどよき調和を保つということこそ望ましい読書態度というべきでしょう。

ところが一般的に申して、この三大部門のうち、何としても中心的基盤というべき読書は、そこに自分の人生の生き方を見出し、人生を力強く生きる原動力をも、汲み出し得るようなものでなくてはならぬと思います。

――父親のための人間学

6月8日

人間の修養

人間の修養は一つずつである。
その時その時、自分の為すべきことを正確に行うことである。
かっきりと人間の軌道に乗って、一歩々々人生の目標を目指して進んでゆくこと。

6月9日

人生の基礎的修練

かりにその日の仕事の予定は、ほぼこれを完了する人でも、その日出そうと考えていた書信並びにその日の書信の返事について、これを完済することは、けだし容易の業ではないであろう。人によっては、こうした書信のことなど、さまでその意義を重視せぬ人もあるかと思うが、しかし書信というものは、われわれにおける人間関係の紐帯《ちゅうたい》として、その意義は、人々の予想以上に重大であって、おそらくはこの現実界裡において、最至重の一つといってもよいであろう。

かくしてわたくしは、われわれ人間としては、その日常生活において、

（一）二六時中腰骨を立てつらぬくこと、

（二）その日の書信は、できるだけその日のうちに片づけること、

（三）そして如上その日に為すべき仕事の義務を修了しえたら、一種の慰楽をかねて読書する

という三ケ条をもって、われわれ人間の基礎的修練と考えるゆえんである。かくいえば人々は、そのあまりの平凡さを嘲笑《あざわら》うかとも思うが、しかしながら自らの人生を、最下の現実的基盤に立って、一つ一つ煉瓦《れんが》でも積むように生きる人々の人生の基礎的修練としては、まずこの辺から始めるべきではないかと考えるわけである。

——若き友への人生論

6月10日

信念の力

かくして機械一つを作り出すことさえ、その根底には、一ケ絶大なる信念の力を要するのであります。しかるをいわんや、人物を作り出す教育においておやであります。そもそも教育という仕事は、人間の魂に点火する努力であり換言すれば、一人の人間を、その根底から甦えらせる偉大な仕事であります。随ってそのような大業に対しては、またそれに相応わしいだけの、絶大な信念の力を要するわけであります。

ではここに「信念」とは、一体いかなることをいうのでしょうか。それについてわたくしのいいうることは、人間の真実というものは、必ずやいつかは相手の心に通じ、相手の心を揺り動かしてその深き眠りより醒めしめ、ついには相手の人間を起ち上がらせ、歩み出させずにはおかないという、この事柄に対する確信の変らぬことだと思うのであります。換言すれば、教育の力を全身全霊を挙げて信じ切り、信じ抜くということであります。一たいこのような根本の信なくして、どうして眠った人間の魂を目覚ますことが出来ましょう。そこで人間の魂を、その深き眠りより呼び醒まそうとするには、いわば石地蔵に抱きついてこれを立て起こし、また立て起こすにも似た、限りない努力が必要だと思うのであります。

——続・修身教授録

6月
11日

恋愛と結婚

そもそも恋愛というものは、とかく相手の異性を理想化して考えるもの故、そこには必然にある種の幻影が混じっているわけであり、したがってそれからさめる時期のあるのは、むしろ当然といってよいわけです。

したがって双方ともに、この点に気がついて今こそお互い不完全な者同士が、互いに自他の不完全さを認め合いつつ、遅まきながらも、完成への第一歩を踏み出そうと決心して立ち上がるということであって、すなわち結婚とは、もともと完全な者同士の結合ではなくて、むしろ不完全なるが故に、双方が結合することによって、しだいに完成しようと努力する歩みだというべきでしょう。

――人生二度なし

6月12日

人間形成の三大条件

人間形成の三大条件としてわたくしの考えているのは、第一は先天的な遺伝的素質、第二は師匠運、そして第三は逆境による試練だと思うのであります。

このうち第一はすでに血の問題として申した通りでありまして、これはいわば天分とか天与といってよく、如何《いかん》ともしがたいものがあるとも申せましょう。そしてこの第一が先天的条件とすれば、第二と第三はいわば後天的条件ともいえるわけで、これは、自らの努力と精進次第で獲得しうるものであります。とは言えこれとても、いわば恩寵《おんちょう》的所与と思わざるを得ない場合も少なくないのでありまして、たとえば師匠運にしてもまた逆境にしましても、天の恩寵とさえ思われるからです。

しかしそれにしても、「求めよさらば与えられん」というコトバの通り、自らの努力精進なくしては折角めぐり合った恩恵に浴しながら、ついに邂逅《かいこう》の悦びに至り得ないで了《おわ》る場合も少くはないでしょう。「めぐりあいのふしぎに手をあわせよう」とは、伊予の詩人坂村真民氏の詩のコトバですが、この一語の意味するものには深遠かつ広大なるものがあるといえましょう。それにしてもわれわれ人間のこの世における最初の、そして最大の出合いは両親との出あいだといえましょう。そしてその後恩師・道友との幾多の出合いによって、われわれの命は育て導かれて今日に到ったのであります。

——現代における孝の哲理

6月13日

天職に徹する

職業とは、人間各自がその「生」を支えると共に、さらにこの地上に生を享《う》けたことの意義を実現するために不可避の道である。

されば職業即天職観に、人々はもっと徹すべきであろう。

――森信三一日一語

6月14日

個性発揮の道

われわれ人間がその個性を発揮するには、いついかなる時代にあっても、結局は各自の職業を通してするほかなく、それはいわば永遠の真理であって、人は職業以外の道によって、その個性を発揮するということは、ほとんど不可能に近いとさえいえるほどであります。

――父親のための人間学

6月
15日

梅雨

人生の一生というものは、いわゆる「照る日曇る日」であって、雨の日どころか、いつ晴れるやら分からぬほどの長い梅雨《つゆ》もあるわけです。

しかし、いかに梅雨期《つゆどき》が長いといっても、いつかは晴れる日が来るように、「人生の梅雨」も——もちろんこれは人によって長短の違いは大いにありますが——根気づよくしんぼうしていれば、必ずやいつかは晴れる日がくるものです。

それ故、この道理を深く心に秘めつつ、じっと耐え忍ぶという心構えを身につけることこそ、人間として最も大切なことではあるまいかと思うのです。

——女人開眼抄

6月16日

神は公平そのもの

われわれ人間は、自分が順調に日を送っている間は、とかく調子に乗って、人の情とか他人の苦しみなどというようなことには、気付きにくいものです。そこで人間は、順調ということは、表面上からはいかにも結構なようですが、実はそれだけ人間が、お目出たくなりつつあるわけです。すると表面のプラスに対して、裏面にはちゃんとマイナスがくっついているという始末です。同時にまた表面がマイナスであれば、裏面には必ずプラスがついているはずです。

ただ悲しいことにわれわれは、自分でそうとはなかなか気付かないで、表面のマイナスばかりに、気をとられがちなものであります。そして裏面に秘められているプラスの意味が分からないのです。そこでいよいよ歎《なげ》き悲しんで、ついには自暴自棄にもなるわけです。

ですから、要は人生の事すべてプラスがあれば必ず裏にはマイナスがあり、表にマイナスが出れば、裏はプラスがあるというわけです。実際神は公平そのものですが、ただわれわれ人間がそうと気付かないために、表面、事なきものは得意になって、自ら失いつつあることに気付かず、表面不幸なものは、その底に深き真実を与えられつつあることに気付かないで、いたずらに歎き悲しみ、果てには自暴自棄にもなるのです。

——修身教授録

6月
17日

逆境の心得

逆境にあつてじたばたせず、
抜けがけの功名をせむとせず、
自分を他人と比較せず、
わき見をせずにすたすたと、
我がひとりの道を歩むべし。
この種の人間をつくり得れば、
学校教育もほぼその任を果したりと言うて可ならむ。

――下学雑話

6月18日

好悪の感情を交えず

われわれ人間というものは、すべて自分に対して必然的に与えられた事柄については、そこに好悪の感情を交えないで、素直にこれを受け入れるところに、心の根本態度が確立すると思うのであります。

否、われわれは、かく自己に対して必然的に与えられた事柄については、ひとり好悪の感情をもって対しないのみか、さらに一歩をすすめて、これを「天命」として謹んでお受けするということが大切だと思うのです。

同時に、かくして初めてわれわれは、真に絶対的態度に立つことができると思うのです。

――修身教授録

6月19日

天地は最上の書籍

天地は最上の書籍である。それは人間の書いた如何なる書物よりも勝れている。学者の中にも、天地を読もうとする学者と、書物を読もうとする学者とがある。そして、天地を読む学者のみが真の学者であり、かかる学者にして、初めて書物を書く資格がある。書物だけを読む学者の書いた本は、読めたものではない。諸君等の勉強も、ここに心せねばならぬ。常に天地を読む人の書物を読むのでなければ、本を読んでも大した効はない。

天地を写した書物というものは、箇条書にして暗記するわけにゆかぬ。そこで読書に際しては、書物のリズムと自己のリズムとを、合わせつつ読むのでなくてはならぬ。こうした読み方をした後は、良いお茶を飲んだ後のような味わいが残る。しかし、かかる書物は世間に多くはない故、それを見つけることが大事である。必ずしも専門家のものたるを要しない。その人が天地の心を読んでいるか否かが問題である。書を読むに当っては、純粋な心をもって、書物の内面に入り込んで行かねばならぬ。批判は読み了《おわ》った後のことで、批判しながら読むというは第一義の読み方ではない。

——森信三訓言集

6月20日

リズム

物事はリズムを感得することが大切である。
リズムは宇宙生命の表現ゆえ、
リズムが分かり出して初めて
物の真相もわかりかけるのである。
書物のリズムは著者の全人格の現われである。

——森信三訓言集

6月21日

優劣の差

とにかくに、万物はそれぞれ自己の内に中心をもつ故、それに従えばあらゆる万物はそれ自身において全く、かつ自足するわけである。

同様にあらゆる人間は、その心の奥底において神に直接しているといえる。そしてこの理を自覚するとき、万物はそれぞれ自らに足って自全たりうるわけである。

もしあらゆる場所が大宇宙の中心だとしたら、この地上の人間界には、根本的な優劣等差はないわけである。

随って人間に優劣があると思うのは、その天賦の本質――自己の分――の発現が不充分な場合か、ないしは名声とか財富等々何らかの意味の基準を設け、それに照らして現世的優劣を考える場合かの何れかだといってよい。随ってもしその基準となるものを取り替えれば、優劣は直ちにその処を異にするといってよい。

――不尽精典

6月22日

人を大成せしめるもの

「苦しみに遭って自暴自棄に陥るとき、人間は必ず内面的に堕落する。……同時に、その苦しみに堪えて、これを打ち越えたとき、その苦しみは必ずその人を大成せしめる」（ペスタロッチー）

実際大事なところですね。やけになるとは、われとわが身を捨てることで、人間としては最大の罪悪と言ってもよいのです。実際ある意味では、人殺しと並ぶほどの罪悪とも言えましょう。

6月
23日

仕事の優先順位

仕事の処理上の心がけとも言うべきものを、少しくお話してみたいと思います。それについて第一に大切なことは、仕事の処理をもって、自分の修養の第一義だと深く自覚することでしょう。この根本の自覚がなくて、仕事を単なる雑務だなどと考えている程度では、とうてい真の仕事の処理はできないでしょう。

実際この雑務という言葉は、私達のよく耳にする言葉ですが、「一言もってその人を知る」とは、まさにこのような場合にも当てはまるかと思うほどです。それというのも、その人自身それを雑務と思うが故に雑務となるのであって、もしその人が、それをもって自分の修養の根本義だと考えたならば、下手な坐禅などするより、遙《はる》かに深い意味を持ってくるでしょう。

さて次に大切なことは、このような自覚に立って、仕事の本末軽重をよく考えて、それによって事をする順序次第を立てるということです。すなわち一般的には大切なことを先にして、比較的軽いものを後回しにするということです。

また時には、軽いものは思い切って捨て去る場合もないとは言えないでしょう。捨て去る場合には、断乎として切って捨てるということが大切です。これ畢竟《ひっきょう》するに私欲を断つの道でもあるからです。同時に、このような私欲切断の英断が下せなければ、仕事はなかなか捗《はかど》らぬものであります。

——修身教授録

6月24日

とにかく手をつける

大切なことは、同じく大事な事柄の中でも、大体何から片付けるかという前後の順序を明弁するということです。この前後の順序を誤ると、仕事の処理はその円滑が妨げられることになります。そしてこの前後の順序を決めるには、実に文字通り明弁を要するのであります。理論を考える上にも、明弁ということが言えないわけではありませんが、しかし現実の実務における先後の順序を明らかにするに至って、文字通り明弁の知を要すると思うのです。

さて次には、このように明弁せられた順序にしたがって、まず真先に片付けるべき仕事に、思い切って着手するということが大切です。この「とにかく手をつける」ということは、仕事を処理するうえでの最大の秘訣と言ってよいでしょう。現にこのことは、ヒルティという人の『幸福論』という書物の中にも、力説せられている事柄であります。

——修身教授録

6月
25日

拙速主義

大切なことは、一度着手した仕事は一気呵成《かせい》にやってのけるということです。同時にまたそのためには、最初から最上の出来映えを、という欲を出さないということです。すなわち、仕上げはまず八十点級というつもりで、とにかく一気に仕上げることが大切です。

これはある意味では拙速主義と言ってもよいでしょうが、このいい意味での拙速主義ということが、仕事の処理上、一つの秘訣と言ってよいのです。ですから、もしこの呼吸が分からないで、へたな欲にからまって、次つぎと期日を遅らせなどしていますと、いよいよ気はいらだってきて、結局最後のおちは期日が後れて、しかもその出来映えさえも、不結果に終わるということになりましょう。

大体以上のようなことが、仕事の処理上のこつであり秘訣と言ってよいでしょう。しかしその根本は、どこまでの仕事を次つぎと処理していって、絶対に溜めぬところに、自己鍛錬としての修養の目標があるということを、深く自覚することです。

6月
26日

態度はどうか

単に自分の素質をたのんで、全力を挙げて自分が現在当面している仕事に没頭することのできない人は、仮にその素質はいかに優秀であろうとも、ついに世間から見捨てられてついには朽ち果てるの外ないでしょう。

かくして人が真に自分を鍛え上げるには、現在自分の当面している仕事に対して、その仕事の価値いかんを問わず、とにかく全力を挙げてこれにあたり、一気にこれを仕上げるという態度が大切です。そしてこの際肝要なことは、仕事のいかんは問題ではなくて、これに対する自分の態度いかんという点です。

——修身教授録

6月
27日

おめでたさを削りとる

われわれは苦労することによって、自分のおめでたさを削りとってもらうんです。
現実の世界は決してお目出たくはないのです。

――修身教授録

6月28日

態度二様

教師にして一技一能を修める態度に二あり。
一は単に「好き心」或《あるい》は名利の念よりこれを練る。
今一つは、一技一能を磨きて、
進んで道に至らんとするものなり。
後者はその内面に一脈の凄味《すごみ》を有す。

——下学雑話

6月
29日

真理をつかむ

満身総身《そうみ》に、縦横無尽に受けた人生の切り創《きず》を通してつかまれた真理でなければ、真の力とはなり難い。

──森信三一日一語

6月30日

短歌①

人間の一世《ひとよ》おもへばおのがじし
負い来《き》し「業《ごう》」を果さむとする

一すじの道をあゆみて留まらず
命のかぎりつらぬかむとす

――森信三一日一語、森信三全集

真理は現実の唯中にあり

7月

1日 一天地を開く
2日 偉人の力の源泉
3日 一生の縮図
4日 やり遂げる
5日 「忍」の境地
6日 学問の基盤
7日 志を実現するには①
8日 志を実現するには②
9日 弱さと悪と愚かさ
10日 智慧の生まれる処
11日 大いなる力
12日 至上の箴言
13日 冴え
14日 生命の閃き
15日 人生の意義を即答できるか
16日 生涯をつらぬくもの
17日 優れた恩師の態度
18日 一箇の天真
19日 自発的読書
20日 読書心得
21日 腐敗せぬ書物を選ぶ
22日 血肉となる学び
23日 内なる精神
24日 偉人に対する三通りの態度
25日 順逆を越える
26日 荒修行の時期
27日 安心立命
28日 下学して上達すべし
29日 正真正銘の置土産
30日 仕事に没入
31日 報謝

7月1日

一天地を開く

山辺に近い田圃《たんぼ》の中に、数教室の小学校が、猫の額にも比すべき運動場をひかえて建っているのを見ると、言いようのない厳粛な感に打たれる。それは、そこにも一天地があり、その点では四十数学級という大規模学校と、何ら異なるところはないからである。人間は、他との比較をやめて、ひたすら自己の職務に専念すれば、そこに一天地が開けるものである。

それは人は、全的統一の立場に立てば、すべて外なき故に独立自全、全体が小宇宙となり、一天地となるが故である。されば一天地を開くには、学校の大小など、いささかも問題にはならぬ。否、大規模学校の方が、かえって困難である。

7月2日

偉人の力の源泉

人間の力にはそれぞれ限度があるとも言えますが、同時にまた他面からは、際限がないとも言えるのです。それはちょうど井戸水みたいなもので、なるほど一方には、水のよく出る井戸もあれば、また出のよくない井戸もあると言えましょう。しかし実際には、水をかい出して、もう出なくなったと思っても、しばらくすればまたちゃんと元のように溜っているのです。人間の力もまあそんなもので、もうこれ以上はやれないと思っても、その人にして真に精進の歩みを怠らなければ、次つぎと先が開けてくるものであります。

一方では際限があるようでありながら、しかも実際には限りのないのが、人が天からうけた力というものですから、そこでとことんまで出し切るには、一体どうしたらよいかということが、問題になるわけです。

そのためには、一体いかなることから着手したらよいかというに、それには何と言ってもまず偉人の伝記を読むがよいでしょう。そして進んでは、その偉人をして、そのような一生をたどらせた、真の内面的動力はいかなるものであったかを、突き止めるということでしょう。

かくして偉人の書物を繰り返して読むということは、ちょうど井戸水を、繰り返し繰り返し、汲み上げるにも似ていると言えましょう。ところがどうも現在の学校教育では、学問の根本眼目が、力強く示されていない嫌いがあるのです。それ故幾年どころか、十幾年という永い間学校教育を受けても、人間に真の力強さが出て来ないのです。

——修身教授録

7月3日

一生の縮図

「一日は一生の縮図なり」というのは私の信条だ。一生は過ぎ去ってみないことにはわかりっこない。だが、自分の一生がどうなりそうかということは、いまのうちに見当をつけなくてはいけない。

そしてその見当を見るには、いまいうように、一日の予定がどこまで果たせたかどうかということを、常に見ておらねばならない。

つまりわれわれが、朝日を覚ますということは、赤ん坊として生まれたということ。夜寝るのは、棺桶へ入るということだ。一生の縮図がそこにあるのだ。

――真理は現実のただ中にあり

7月4日

やり遂げる

一人の人の人生が、真に充実した一生になるかならぬかは、その人が「今日」一日の仕事を、予定通りにやり遂げるか否かによって分かれるわけです。

言いかえれば、われわれの人生は、結局「今日」という一日の上に、その「縮図」が見られるわけであって、これ「一日は一生の縮図なり」といわれるゆえんです。

――女人開眼抄

7月5日

「忍」の境地

ある一人のお弟子が——もっともお弟子と言ってもなかなか偉い人ですが——梅岩先生に「忍ということの極致はどういうものでしょうか」とお尋ねしたところ、梅岩先生答えて曰く「忍は忍なきに至ってよしとす」と言うておられます。すなわち忍耐の理想は「やれ我慢する」の「やれ忍耐する」のという意識がなくなって、それが何でもない、至極当たり前となれるのが理想だと言われるわけです。

これは、いかにもそれに相違ないですナ。実に千古の名言と言うべきでしょう。つまり我慢の意識とか、こらえる意識のある間は、その人の心の充実に未だしき所があるというわけです。そこで、かようなところが一切なくなり切ったところ、そこが最高の境地に相違ないですね。

しかし、われわれ人間は、一足飛びに二階へは上がれないように、結局は一つ一つ階段を登っていく外ないでしょう。そして最も大事な点は、現在自分の立っている段階は、全体の上から見て、おおよそ何段目くらいかということを、はっきり自分で承知しているということでしょう。

——修身教授録

7月6日

学問の基盤

「修身教授録」は、わたくしが専任教諭として、大阪に移り住むことになったので、授業時間が多くなり、その為に、それまでほとんど専攻科の哲学と倫理だけを教えていたのが、今や本科生をも教えねばならなくなった所産である。しかし、それも最初のうちは、「専攻科生なら何とか、かつがつ教え甲斐もあろうが、本科の三年生などという程度の低い生徒たちに、何を話したって始まらぬではないか」と考えていたのが、一たん教えてみて、そうしたわたくしの考えが、いかに誤りだったかということが分って、わたくしは愕然《がくぜん》として驚いたのである。

即ち真の学問というものは、外側からは見えない地下工事的な最下の基盤から固めていったものでなければ、真の力にはなり難いことを、痛身徹骨知らしめられたわけである。

――森信三全集 第二十五巻「自伝」

7月7日

志を実現するには①

人間は、一口に志を立てるといっても、そこには色々と程度の差があります。実さい人間の偉さというものは、その人が如何なる志を立て、それを如何ほどまで実現するかによって決まるともいえましょう。否、さらに突きつめて申せば、そもそもわれわれ人間の志というものは、その人が真にその心中に希うだけは、必ずや実現するものだともいえましょう。即ち一人の人間が、真にその心中深く念じ止まぬ事柄というものは、必ずや何時かは、何らかの形で実現せられるものであります。かように申せば、諸君らのうちには不思議に思われる人があるかも知れません。だが、志が実現せられないということは、実はその志すところが、いまだ十分に深大でないからであります。例えば楠公の精神は、公の歿後六百年にして、明治維新の大業となってはじめて実現せられたともいえましょう。

あるいはまた石田梅岩先生の志のごときも、諸君らも知るように、その生前においては十分に実現せられたとはいえませんでしたが、しかしその精神は歿後しだいにそのお弟子の人々により継承せられて、明治維新以後義務教育の実施によって、今や全国的規模によって生かされつつあるともいえましょう。あるいはまた吉田松陰先生にしても、現在、先生の書物の一言一句を読んで深く心を動かされたとしたら、そこに先生の精神が生きているというに、何の誤りがあるでしょう。

7月8日

志を実現するには②

このように、真実に生きた人の精神というものは、形の上ではその生前十分には遂げられなかったとしても、必ずや死後多くの人々の心に火を点じて、燃え拡がるものであります。

諸君‼　諸君らはこれまで、死後においても生き続けたいという大望をいだいたことがありますか。それというのもこの人生の意義は、われわれのこの肉体の死した後にも、その精神が多くの人々の心を照らすに至って、はじめて実現せられるというべきだからであります。

――続・修身教授録

7月
9日

弱さと悪と愚かさ

弱さと悪と愚かさとは、互いに関連している。
けだし弱さとは一種の悪であって、弱き善人では駄目である。
また智慧《ちえ》の透徹していない人間は結局は弱い。

7月10日

智慧の生まれる処

裏切られた恨みは、これを他人に語るな。
その悔しさを噛みしめてゆく処から、はじめて人生の智慧は生まれる。

――森信三一日一語

7月11日

大いなる力

そもそもわれわれのうち、果たして何人が自分は人間として生まれるのが当然だと言い得るような、特別な権利や資格を持っているものがあるでしょうか。

もちろんわれわれは、この地上へ生まれ出る前に、人間として生まれることを希望し、あるいはそうした決意をして生まれて来たわけではありません。いわんや、人間として生まれるに値いするような努力や功績を積んだために、今日ここに人間としての生命をうけ得たわけではありません。

このようにわれわれがこの世に生をうけたのは、自分の努力などとは全然関わりのない事柄であって、まったく自己を超えた大いなる力に催されてのことであります。

——修身教授録

7月12日

至上の箴言

われわれが、自らの「生」を真に充実して生き、その天賦の使命を発揮し実現して、もってこの二度とない人生の意義を全うしようとする時、われわれは何よりもまずその根本において、如上人身《じんしん》享《う》け難きの理を深思し慎省しつつ、何らの幸慶か、今日ここにこの人身を享けえていることに対して、無限の謝念を覚えるところから、われらの真の人生は再出発するといえるのではあるまいか。

しかもわれわれのこの地上の「生」は、長くともわずかに百歳の寿を出でず、しかも人々の多くは「生」の意義を自覚するのに、ほぼ人生の半ばに近い歳月を、空《むな》しく彷徨《ほうこう》のうちに過すといってよいであろう。かく考えてくる時、われわれ人間の一生は、まことに短しとも短く、まさに一瞬裡に過ぎ去るともいえるであろう。

さればわれわれは、機縁ひとたび熟して、自らの「生」の深義に目覚めたならば、それ以後の「生」は、文字通り「死」の直前に至るまで、ただひとすじに邁進《まいしん》すべきであって、そこにはいささかの遅滞も許されるべきではないはずである。

だが生身の身の、かかるさ中にもまた、懈怠《けたい》の念の兆すことなきを保《ほ》し難いのが、われわれ人間の分際であり、その現実といわねばならぬであろう。さればそのような時、われらにとって、まさに至上の箴言《しんげん》であり警策《けいさく》というべきものは、おそらくはついに左の一語の他にないであろう。

人生二度なし‼

――若き友への人生論

7月13日

冴え

冴えとは天人合一の閃《ひらめ》きである。
天とは天分であり人とは努力である。
優れた天分を努力によって鍛え上げたものが冴えである。
だから我々は「冴」に無関心であってはならぬ。

――森信三訓言集

7月14日

生命の閃き

人間が本当に真剣になると、こういうふうにパッと夜中に目があいた時とか、あるいは朝、目のさめた瞬間に、大事な問題がパッと分かるものなんです。その時そういう一種の生命の閃めきによって、基礎理論の不足というようなものも、ある程度突破できるものらしいですね。実際不思議といえば、実に不思議なことなんです。だから普通の学者には、そこが分からんから、低い学歴の人間には、発明なんかできないと決めて、たかをくくっているわけなんです。そのくせ大学で自分の教えた人間が大した発明もやらんのですが、そこが分からんのです。

人間が本当に一念こってくると、学校で教わらなかった基礎理論というものの壁を突破して、ある程度高度な発明もできるようになるらしいです。もちろんそれには、その人の素質がよくて、しかも真剣でなけりゃダメなんですがね。

——人生二度なし

7月
15日

人生の意義を即答できるか

「人生の意義いかん」という問題に、もし正面から四つに取り組んで考えるとしたら、たとえ教養があり、さらにはある程度学問のある人々でも、これはなかなか難しく、かつ、やっかいな問題といってよいでしょう。それというのも、仮に諸君たちがこの問題をひっさげて、社会的にもかなり名を知られているような学者とか、思想家などに会った際、多少失礼かもしれませんが、試みにこの大問題を投げかけてみられるとよいでしょう。

「先生！　われわれ人間は、この人生をいったい何のために生きると考えたらよいでしょうか」と。その際、もし何らのためらいもなく、言下に即答する人でしたら、その人のいわれる事柄のいかんはしばらく別としても、その人は、相当の人物と考えてよかろうと思います。

それというのも、卒然と相手からこうした人生の根本問題を投げかけられた際、一瞬のためらいも示さず、言下に即答ができるということは、その人の学問なり思想なりが、十分身について、いわば血肉化せられているからだといってよいからです。否、さらに端的に申せば、結局、それはその人自身が、常に自分の生き方を問題として、「この二度とない人生をいかに生きることが真実であるか」という人生の根本問題に対して、常に自問自答しているのでなければ、そうしたとっさの際に、このような大問題に、たやすく即答できるものではないからです。

――人生二度なし

7月16日

生涯をつらぬくもの

われわれは、起きている間は全緊張をもって、自分の為すべき仕事を、順序よく次つぎと処理して行って、いささかのとゞこおりもない場合は、夜ともなればおのずと安らかなる眠りに就けるものであります。

しかもこれは、必ずしも一日のことだけに限りません。われわれの一生もまた斯くの如くであります。思うにわれわれ人間は、その生きている間を真に充実して生き抜いたとしたら、けだし思い残すところのない大往生が出来ることでしょう。今さら申すまでもないことながら、われわれ人間の力には限りがあります。

そこで真にわが為すべきことを為し終えたならば、何人も「わが事畢《おわ》れり」として、安んじて瞑目することが出来ると思うのです。とにかくわれわれのこの人生は、二度とふたたび繰り返えし得ないものでありま す。随ってわれわれとしては、その日々の生活の中に、何らかの趣において、わが生涯をつらぬくものを悟る工夫が必要だといえましょう。同時にこのように考えて来ますと、われわれの人生の内容も、ある意味では仕事の処理如何《いかん》によって、大きく左右されるといっても、必ずしも過言ではないともいえましょう。

——続・修身教授録

7月17日

優れた恩師の態度

真の偉人というものは、何も叱ったりなどしなくても、人が自ら服するものであります。実際偉大な先生の、その弟子に対する深い思いやりとか慈悲心が、しだいに相手に分かりかけてくれば、叱るなどということは、まったく問題ではなくなるでしょう。

それというのも、真に優れた師というものは、門弟たちを遇するのに、単なる門弟扱いをしてはいないからでしょう。すなわち優れた師匠というものは、常にその門弟の人々を、共に道を歩む者として扱って、決して相手を見下すということをしないものであります。

ただ同じ道を、数歩遅れてくる者という考えが、その根本にあるだけです。ですから、自分一人が山の山頂に腰を下して、あとから登ってくる者たちを眼下に見下して、「何を一体ぐずぐずしているのか」というような態度ではないのです。

——修身教授録

7月18日

一箇の天真

人間というものは、その人が偉くなるほど、しだいに自分の愚かさに気付くと共に、他の人の真価がしだいに分かってくるものであります。そして人間各自、その心の底には、それぞれ一箇の「天真」を宿していることが分かってくるのであります。

天真に二、三はなく、万人すべて等しいのでありますが、ただその本性の開発の程度いかんによって、そこにそれぞれ独自の趣を発揮してくるわけであります。それ故ひとたびこの点がはっきりしたならば、いかなる者にも穏やかに優しく、かつていねいに対せずにはいられなくなるはずです。

——修身教授録

7月19日

自発的読書

諸君らのうちには、「今は学生時代で、学科におわれて読書などできないが、しかしそのうちに卒業でもしたら、読書もするつもりだ」などとのんきなことを考えている人もあるようですが、しかし現在学科におわれて読書のできないような人に、どうして卒業後読書などできるはずがありません。

何となれば、なるほど卒業すれば現在諸君らの受けているような教科はなくなりましょう。が、同時にそれに代わって、今度は生徒に教えねばならぬという新たな仕事が出て来ます。そこで現在学科におわれて読書をしないような人は、やがて卒業すれば、今度は日々の授業におわれて、結局いつまでたっても、自発的に読書する日はないでしょう。

このことは、私の知っている範囲では、一人の例外もないと言ってよいのです。そこで諸君らにして、将来真になすところあろうとするならば、なるほど色々忙しくありましょうが、単なる教科の予習や復習だけで事がすむなどと考えないで、何とか工夫して、少しずつでもよいから、心の養いとなるような良書を読むことが大切でしょう。

――修身教授録

7月20日

読書心得

書物を買うのみが最上にはあらず。
いわんや書物の買い惜しみをする様では、
とうてい人生の関所を越ゆべくもあらず。
才の人は、二十代三十代は、才にてごまかせても、
四十五十に至りては、
書を読まぬ人間は、
何としても油が切れて運転は止まるものなり。

――下学雑話

7月21日

腐敗せぬ書物を選ぶ

教育とは教え子たちが学校を卒業して、他日世の中で生きてゆく際に必要な地図の説明をして置くようなものだとも云えましょう。ですから真の教師は、単に相手の現在を考えるだけでなく、他の一眼は卒業後十年二十年さきの、相手の人生行路を見通して、その種子蒔《ま》きをすることを忘れてはなるまいと思うのです。また我々の人生は、一種の旅のようなものですから、途中の食料品なども用意させねばなりません。そしてその食料品とは、結局は書物でしょう。現に私自身にしても、専門の方の基礎的な書物は、生涯必要な書物の七、八割は、学生時代に買ったものです。

この場合食料品としての書物は、将来何十年経っても腐敗しない、と云うようなものでなくてはなりません。例えば二十年後諸君が、本棚の隅からこの慈雲尊者のパンフレットを見つけて、「あゝそうだった。慈雲尊者の著書では外にもまだ『十善法語』を買っておいたはずだが――」と、探し出して読んで見る。そしてその頃になると、現在よりは尊者のお偉さが身に沁みて分かり出す、と云うようであってこそ、初めて私の蒔いた種子が生えたというものでしょう。

――森信三訓言集

7月
22日

血肉となる学び

書物と云うものは、自分が独力で読んだ本でなくては、真の力にはなりません。一度教室で読んだ本でも、再び自分で読んだ時、初めて血肉となるものです。ですから教室で教えるだけでは、決して真の力とはならないものです。

私の今申して居ることが、諸君等に本当に分かるのは、諸君が私の今申していることを基礎にしつゝ他面それを忘れて、自分の道を拓きかけた時だと云えましょう。

それは丁度食物でも、その形がなくなって初めて胃や腸に吸収されるのであって、その時はじめて、人体の真の力となるのと同様です。

——森信三訓言集

7月
23日

内なる精神

とかく人間というものは、地位とか学歴とかに引掛っている間は、真に徹底した生き方はできないものです。学歴というようなけち臭いものに引掛かっている間は、その人の生命は十分には伸び切らないからです。もちろん一方では、人間は自分の地位、さらには学歴というようなものについての謙虚さがなくてはなりません。しかしながら、その内面精神においては、一切の世俗的な制約を越えて、高邁《こうまい》な識見を内に蔵していなくてはならぬのです。すなわち外なる世間的な約束と、内なる精神とを混同してはならぬのです。

そもそも人間というものは、その外面を突き破って、内に無限の世界を開いていってこそ、真に優れた人と言えましょう。同時にまたそこにこそ、生命の真の無窮性はあるのです。諸君らがそれぞれ自分の心を鍛錬して、そういう境に至ることが、私には修身科の真の眼目だと思われるのです。

——修身教授録

7月24日

偉人に対する三通りの態度

人間が偉人に対する態度に三通りある。

第一は偉人に対して無感覚な人間で、これは精神的にはすでに死んでいる人間である。

第二は偉人の偉大さに感心している人間である。

第三は偉人に肉迫してゆく人間である。それはその偉人の精神を継承し現実に開顕《かいけん》する人である。この気迫がないようでは、人間も生きているほんとうの価値《ねうち》はないといってよい。

——森信三訓言集

7月25日

順逆を越える

人間は、この「暑い」「寒い」と言わなくなったら、そしてそれを貫いて行ったとしたら、やがては順逆を越える境地にも至ると言ってよいでしょう。ここに私が順逆というのは、ていねいに言えば、「順境逆境」ということです。

ですから順逆を越えるとは、順境にあってもへこたれないということです。この境地にまで至らないで、ただ「暑い」「寒い」と言わないだけでは、実はまだ痩我慢の域を脱しないとも言えましょう。もっとも人間というものは、最初は痩我慢から出発する外ないでしょうが、しかしいつまでも痩我慢の段階にとどまってはいけないのです。人間が真に順逆を越えるようになると、何ら痩我慢でなくて、「暑い」「寒い」などという言葉を言わなくなるものです。われわれもそこまで行かないといけないのです。

総じて精神的な鍛錬というものは、肉体的なものを足場にしてでないと、本当には入りにくいもんなのです。たとえば精神的な忍耐力は、肉体上の忍耐力を足場として、初めて真に身につくものです。さればこそ、寒暑を気にしないということが、やがて順境逆境が問題とならなくなるわけです。

——修身教授録

7月26日

荒修行の時期

若い時代には、身体を通して荒修行をする一時期がなければならぬ。人間が鍛え上げられないで、大業を成し遂げることは絶対にあり得ない。

7月
27日

安心立命

学問の中心眼目は、安心立命《あんじんりゅうめい》にあり。

しかも学問の分化発達によりて、この事ようやく見失われんとする傾向にあり。

安心立命とは、順逆によりて心を二《ふたつ》にせず、順境なればとて調子に乗らず、逆境なればとて落胆せざるの謂《い》いなり。

わが身の順・逆を静観すること、あたかも明鏡に物象の映ずるが如きをその目標とすべきなり。

――下学雑話

7月28日

下学して上達すべし

逆境のうちにありながら、ありのままなる自己を注視して決してひねくれず。これ下学《かがく》して上達するの道ならむ。

――下学雑話

7月
29日

正真正銘の置土産

人間の言葉が真に力を持つのは、必ずしもその言葉自身が立派だからというのではなくて、その言葉を支えている背後の生活によるのであります。

してみると、人間は今やその位置を去らねばならなくなったからとて、その場の急ごしらえの言葉が、果たしてどの程度、置土産としての真価を持ち得るかということになりますと、はなはだ疑わしいと申さねばならぬでしょう。

そこで私思うのですが、人が真にその心の置土産となし得るものには、その人がその場所、その地位に置かれていた間、その全生活を貫いて歩んだその心の歩みこそ、否、それのみが、真に正真正銘の置土産となるのではないかと思うのです。

——修身教授録

7月30日

仕事に没入

人間も、地位や名誉を忘れ得ぬ間は、いまだ心に隙ありと知るべし。さりとてまた最初から地位や名誉を欲せぬような人間も役に立たず。

人一倍地位や名誉を欲する人間が、飜身《ほんしん》一転すべてを投げ打ちて、仕事そのものに没入する時、かえつて地位や名誉も伴い来るを常とす。

たゞし現実界ゆえ必然にとはいえず、ゆえに根本の根は、必ず切断し置くを要す。

――下学雑話

7月31日

報謝

人間は職業に対する報謝として、後進のために実践記録を残すこと。

この世への報謝として「自伝」を書くこと。

そして余生を奉仕に生きること――

この三つは、人間としての最低の基本線でどうしてもこれだけはやり抜かねばならない。

――致知（1987年1月号）

8月

1日　花火と準備
2日　一心決定
3日　朽ち果てる者の道理
4日　全力を傾け切ることの意義
5日　男盛りの十年間をどう過ごすか
6日　捨石を打つ
7日　気品と働き
8日　性欲を慎む
9日　家庭教育
10日　父親を立てる
11日　生き方の根本信条
12日　仕事に専念すべし
13日　仕事を果たす最大の秘訣
14日　「一気呵成」の工夫
15日　馬鹿になり切る
16日　牛にひかれて
17日　人間としての生をうけ
18日　偉大な生命力
19日　真の誠
20日　死後の精神
21日　天地人生の深意
22日　動的調和の本質
23日　義務を先にして娯楽を後にせよ
24日　義務
25日　働きは一倍半、報酬は二割減
26日　報いを求めぬ境涯
27日　言葉の響き
28日　尊敬と進歩
29日　選師
30日　敬師
31日　銘

8月1日

花火と準備

人間の活動を大体六十歳頃までと考えますと、そのうち二十歳までは志を立てる時代と言ってよく、すなわち将来国家社会のために役立つ人間になろうという志は、十五歳頃から、遅くとも二十歳までには確立せねばならぬのです。

そしてそれから以後の二十年は、いわば準備期と言ってもよいでしょう。同時にこの二十歳から四十歳までの二十年間の準備のいかんが、その人の後半生の活動を左右すると言ってよいでしょう。それはいわば花火の玉を作るようなもので、どんな花火が出るかは、まったくその準備期中の努力のいかんによって決まることです。

かくして四十代と五十代という人間の仕上げ期の活動は、それまでの前半生において準備したところを、国家社会に貢献すべき時期であり、したがって四十歳までの準備が手薄ですと、四十歳以後六十までの活動も、勢、薄弱とならざるを得ないわけです。

――修身教授録

8月2日

一心決定

自己の進路は、自分ならではやれぬ事、即ち他人の代理のきかぬ事を選ぶべし。他に、いくらでもやり手のある事などは、それらの人々に委せるが可なり。そして私心を捨てて国家の全体を見渡せば、真に大切なことでありながら、案外見捨てられている処が、見えてくるものなり。自分の利害打算を標準としている間は、それらは見えぬなり。

自分の利害、損得、適不適等を忘れて、せめて自分の様な者でもこの方面に廻らねば、国家のため心配でならぬというに至つて、初めて真に一心決定するなり。

——下学雑話

8月3日

朽ち果てる者の道理

人間というものは、現在自分の当面している仕事をまず片付けて、しかるのち、余力があったら、自分の根底を養うような修養をすべきでしょう。

もしこれに反して、自分のなすべき当面の仕事をなおざりにしておいて、他の方面に力をそそぎますと、仮にそうして力をそそいだ方面は、根本的な事柄であり、またその努力がいかに大きなものであっても、こういう人は、いつかは世間からその足場を失って、あたら才能を抱きながら、それを発揮する機会を得ないで、空しく朽ち果てるのが世の常です。

これは道理としては何ら珍しいことではありませんが、しかし最近私は、この道理の持つ真理性を痛感せしめられているのです。それはわれわれ人間が、一つの道理をほんとうにつかむということは、単に書物を読んでこれを知ったとか、あるいは頭の中で考えて会得したとかいう程度のことでは、真実には得られないのであって、そのためには、どうしても深刻な現実の実事に当面することによってのみ、初めて真にわが物となるのです。

——修身教授録

8月4日

全力を傾け切ることの意義

単に自分の素質をたのんで、全力を挙げて自分が現在当面している仕事に没頭することのできない人は、仮にその素質はいかに優秀であろうとも、ついに世間から見捨てられてついには朽ち果てるの外ないでしょう。

かくして人が真に自分を鍛え上げるには、現在自分の当面している仕事に対して、その仕事の価値いかんを問わず、とにかく全力を挙げてこれにあたり、一気にこれを仕上げるという態度が大切です。そしてこの際肝要なことは、仕事のいかんは問題ではなくて、これに対する自分の態度いかんという点です。

否、ある意味では、さほどの価値のないことでも、もしそれが自分の当然なすべき仕事であるならば、それに向かって全力を傾け切るということは、ある意味では価値のある仕事以上に、意義があるとも言えましょう。この辺も消息が分からなくて、単に自分勝手のひとりよがりな態度で試験を軽んじ、そのために、せっかく優秀な素質を持ちながら、芳しくない成績でうろついているとうことは、その人のために、実に惜しんでもなお余りあることと思うのです。

――修身教授録

8月5日

男盛りの十年間をどう過ごすか

真剣に人生の生き方を求めていたら、三十歳代は自立と開眼の年代だからであります。人間の一生を一応七十五歳前後といたしますと、がんぜない幼少の頃を差し引くとすれば、この三十五歳前後というものは、一応人生の二等分線に当たるわけであります。人間もこの人生の二等分線という山の頂きに立ちますと、それまで少しも見えなかったところの、やがて還《かえ》りゆくべきわが家、すなわち人生の終末が見え出してくるのであります。

そこで、それでは男盛りともいうべき三十歳代の十年間を一体どう過ごすべきかということになりますが、一言で申せば「自己教育」ということであります。言い換えると求道的な生活態度といってもよいでしょう。「自己以外すべてわが師なり」として、自分の勤め先の仕事、ならびに人間関係は申すに及ばず、それらを取り巻いて生起する一切の出来事は、すべてが人生の生きた教材であり、おのが導師たるわけであります。

――父親のための人間学

8月6日

捨石を打つ

普通の人の求道は、一般には三十五歳辺で止まる人が多い。この時代を過ぎると、学生時代に読書に興味を持たなかった人は、次第に人生の峠を降りかけるのである。それと言うのが、捨石を打たなかった処へは、容易に斬り込めないからである。

ところが、若いころに、各方面の教養を深めた人は、年を経るにしたがい、その効果が顕われて来て、四十歳以後になると、内面的な力と若さとが出て来る。諸君らのような年頃は、そういう教養を深めてゆく時期である。随って各方面の第一人者について、その吸収に努めねばならぬ。

——森信三訓言集

8月
7日

気品と働き

気品と働き——真の気品というものは、決して単なる生まれつきだけではなく、それはやはり長い年月にわたる、その人の心がけと修養によって磨き出されるものであって、それでなくては真の味わいはないわけです。同様にまた働きということも、ただ無茶苦茶な力働きというだけでは、真の働きとは言えない道理で、真の働きといわれる為には、どうしてもそこに頭の働き、さらには心づかいというものが加わらねばならぬわけです。

——女人開眼抄

8月8日

性欲を慎む

肉体的にいかに強壮な人でも、もしその人が性欲を守る点できびしくなかったら、将来必ずや衰える期がくるのであります。同時にまたこれに反して、その生まれつきとしては、さまで健康でない人でも、もしその人が性欲を制御することがきびしかったとしたら、その人はよく天寿をたもち、永く精神的な活動に堪えることができるのであります。

思うに諸君らのような年齢にある人たちは、現在性欲の最も旺盛な時期に差しかかっているわけですが、同時にまたこのことは、諸君らの一生の生命の弾力が、養われるか否かの岐れ目だと言ってもよいでしょう。実際世の中は正直でありまして、諸君らがその隠微において性欲を慎むことが深ければ深いだけ、それだけ諸君らは、その心身に強靱《きょうじん》な弾力を蓄えることになるわけです。

――修身教授録

8月9日

家庭教育

わが子の「人間教育」は、
九十パーセントまで
母親の全責任と言っても決して過言ではないでしょう。
ただ父親といたしましては、
自分の仕事に対して真剣に打ち込む姿そのものが
何よりの教育と申してよいでしょう。

——家庭教育の心得21

8月10日

父親を立てる

いかなる事情がありましょうとも
父親軽視の種まきだけは絶対にいけません。
と申しますのもわが子が「父親軽視」になり、
やがて「父親」に対する不信感に陥りますと、
わが子を根本的に駄目にしてしまうからです。

——家庭教育の心得21

8月
11日

生き方の根本信条

現在若い世代の人々の中には、ともすれば天分や素質の問題で劣等感に悩まされている人もあるようですが、そしてそれもムリからぬ点もあるかとは思いますが、しかし天分や素質に心を奪われて歎《なげ》くよりも、自己に与えられたものを、ギリギリまで発揮実現することに全力を尽すことこそ、より大事ではないでしょうか。わたくしは一〇〇の能力の人が八〇の力を発揮するよりも、八〇の能力の人が全力投球で八〇の成果をあげる人の方に絶大な敬意を表したいと思います。

とにかく人間は自己に与えられたものを十二分に生かして発揮し実現することこそ、人間の生き方の根本信条でなければならぬと思うのであります。

——現代における孝の哲理

8月12日

仕事に専念すべし

すべての人間の生活は、ある意味では皆みじめなり。
自分のみと思うことなかれ。
表を見、裏を見、愚に還ってひたすら己が仕事に専念すべし。

——下学雑話

8月13日

仕事を果たす最大の秘訣

今「一時一事」の工夫について考えてみるに、われわれが何か事をなすに当たって、現在自分のなすべき仕事のうち何が一番大切であるか、一体何から片付けて行ったらよいかということを、まず見定めなければならぬでしょう。そしてその判断は、特別の場合を除いては、大体誰にもはっきりと分かるものです。すなわち、今自分は何を真先にするのが本当かということは、それほど迷わなくても分かるものです。ですから、困難なのは、むしろその次にあると言ったらよいでしょう。それは自分が現在なさなければならぬと分かった事をするために、それ以外の一切の事は、一時思いきってふり捨てるということです。

このように、自分が現在なさなければならぬ事以外のことは、すべてこれを振り捨てるということと、なすべきことに着手するということは、元来、一つの事の両面とも言うべきであって、この点は、おそらくわれわれが仕事をし果たす上で、一番の秘訣かと思うのです。

——修身教授録

8月14日

「一気呵成」の工夫

ちょうどあの水泳で飛び込みの際、「キャタツ」の上から飛込む際のあの呼吸ですよ。つまり思いきって踏み切り、実行のただ中へ、ざんぶとばかりに飛び込むのです。踏み切ってしまえば、その時すでにわれわれは海中にあるわけです。しかしその踏み切りの一瞬には、われわれはそれ以外のすべてのことを断念して、振り捨てねばならぬのです。

すなわち着手の直前に、すべての欲望を断ち切る覚悟ができなければ、どうしても踏切りはできないのです。「キャタツ」の上までは登ってみても、恐ろしいとか何とかと、気が散っていたんでは、とうてい身を翻して、水中に飛び込むことはできないのです。ですから、この一時一事の工夫は、また言い換えれば、「一気呵成《かせい》」の工夫と言ってよいでしょう。

すべて実行的な事柄というものは、もちろん多少の例外はあるとしても、原則としては「一気呵成」ということが、事を成す根本と言ってよいでしょう。何となれば、われわれ人間というものは、実際儚《はか》ないものであって、時の移るとともに考えも色々と違ってくるものです。そこで昔から「鉄は熱しているうちに打て」とも言われるように、すべて物事も自分の気持ちの白熱している間に、一気呵成に仕上げることが、事を成就させるに当たって大切な秘訣と言ってよいでしょう。

――修身教授録

8月15日

馬鹿になり切る

人間真に打ちこめば、頭のよしあしは問題にならず。
人間功を為す、必ずしも難からず。
ただ馬鹿になってどこまでも続ければよし。
ただ馬鹿になり切れる者世に少なきのみ。

――下学雑話

8月16日

牛にひかれて

人間誰しも始めのうちは、牛にひかれての善光寺詣りなり。
師にひかれ、朋友《ほうゆう》にひかれて、
お義理に修行の緒につく者多し、
故にまたかゝる縁をつくり、
牛を見付けるよう心掛くべきなり。
同時にそのさい、牛はすべからく日本一のでっかい牛が良し。

——下学雑話

8月17日

人間としての生をうけ

諸君らが知っていると考えている自分の生年月日は、実はご両親から教えられ聞かされた結果であって、われわれは直接に自分の生年月日や生誕の場所を知るものではないのです。それればかりか、諸君らは自分のお尻におむつのつけられていたことさえ記憶している人はないでしょう。ということは、われわれ人間は、ひとり自己の生年月日や、生まれた場所を知らないのみならず、おむつのとれる年頃までも、自分の存在については、ほとんど知る所がないのです。それ故私は、このことをもって、常にわれわれ人間の根本的な無知の一つの事例と考えているのであります。

こういう有様ですから、諸君らに対しても、今日生後二十ヵ年になんなんとしながら、人間として生をうけたことに対して、しみじみとその辱《かたじ》けなさを感ずることができないわけであります。否、二十年どころか、うっかりすると私のように四十の声を聞くような年頃になるまで、ついに心の眼が開かれずにしまうのです。そしてわが子を持つような年頃になっても、なおかつ深くこうした人生の根本問題に想い至らぬという愚かさにもなるのです。

ところが私の考えでは、われわれ人間は自分がここに人間として生をうけたことに対して、多少なりとも感謝の念の起こらない間は、真に人生を生きるものと言いがたいと思うのです。

——修身教授録

8月18日

偉大な生命力

偉人と言われるほどの人間は、何よりも、偉大な生命力を持った人でなくてはならぬはずです。しかもそれが、真に偉人と呼ばれるためには、その偉大な生命力が、ことごとく純化せられねばならぬのです。

ですから生命力の大きさ、力強さというものを持たない人間は、真に偉大な人格を築き上げることはできないわけです。

——修身教授録

8月19日

真の誠

真実の道は、一体いかにして興るものでしょうか。それには、「自分が道をひらくのだ」というような一切の野心やはからいが消え去って、このわが身わが心の一切を、現在自分が当面しているつとめに向かって捧げ切る「誠」によってのみ、開かれるのであります。

が同時にそれだけに、この誠の境地には容易に至りがたく、実に至難なことだと思うのです。と申すのも、お互い人間の誠には、「もうこれでよい」ということはないからです。すなわち、「もうこれくらいならよかろう」と腰を下ろしたんでは、真の誠ではないからです。真の誠とは、その時その時の自己の「精一杯」を尽くしながら、しかも常にその足らざることを歎くものでなくてはならぬからです。

——修身教授録

8月20日

死後の精神

その人の生前における真実の深さに比例して、その人の精神は死後にも残る。

――修身教授録

8月21日

天地人生の深意

微細な物を見るには、
必ず顕微鏡を用いるように、
物事の真相を理解するには、
色々な原理（教え）が必要である。
それ故平素この原理を用意しておらねば、
天地人生の深意はわからない。
自分流儀だけでは進まない。

——森信三訓言集

8月22日

動的調和の本質

大海の水は常時動いて止まぬが、これこそわたくしのいういのちの動的調和の、最顕著かつ典型的な一例といってよい。勿論大海にも、平穏なること鏡のような日もあるであろうし、また時としては巨船を覆すような、激浪大波の逆巻く日もないわけではない。しかもわたくしから見れば、これらの両者を併せて動的統一の具現といってよく、否、かかる両相を呈すること自体が、さらに一そう生命の動的統一性を象徴的に具現しているといってよい。随ってこれを、また地上の人間社会の諸相について見るも、かくの如く動静の両面が、互いに交互に交替し交錯しつつあるのが、わたくしのいわゆる、生命の動的調和統一といってよいわけである。けだし、現実界が生きているということ自体が、つねに両極的ないしは異質的なるものの、動的調和統一というべきであって、もしそれを嫌悪したら、その時一切は、その動的展開の動きを止めて死静に帰し了るというべきであろう。

——森信三全集 第一巻「創造の形而上学」

8月23日

義務を先にして娯楽を後にせよ

「義務を先にして娯楽を後にせよ」

これは、先師有間香玄幽先生が、わたくしども同志に残されたおコトバであります。先師の残されたこの「義務を先にして娯楽を後にせよ」というおコトバは、それがあまりにも地味で目立たないために、その妥当する領域のいかに広大であるかに気づく人は、案外少ないかも知れぬと思うのであります。そこにこそわたくしは、先師の憶念していられた世界が、最下の庶民的階層から、さらにはガンゼない子供の世界をも包摂していられた広大さを、今さらのように痛感せしめられるのであります。

一見したところでは、実にありふれた平凡なコトバのようですが、しかしこの真理は、誰でもその気になりさえすれば、守れぬわけではありません。しかもこれを守ることによって、確かにその人は、一歩一歩自分をリッパな人間に鍛え上げてゆくことができるのであります。

——全世代に贈る新たなる「人間の学」

8月
24日

義務

学問も大事ではあるが、しかしより大切なのは、
一個の人間として当然なすべき義務であって、
それを放っておいて読書したとて、
真の現実的真理の把握にはならぬ。

——人生論としての読書論

8月25日

働きは一倍半、報酬は二割減

真に意義ある人生を送ろうとするなら、人並みの生き方をしているだけではいけないでしょう。それには、少なくとも人の一倍半は働いて、しかも報酬は普通の人の二割減くらいでも満足しようという基準を打ち立てることです。

そして行くゆくは、その働きを二人前、三人前と伸ばしていって、報酬の方は、いよいよ少なくても我慢できるような人間に自分を鍛え上げていくんです。

実際人間の偉さというものは、ある意味では働くこと多くして、しかもその受けるところが少ない所から生まれてくるとも言えましょう。ですから諸君らも、まず人の一倍半の働きをして、報酬は二割減をもって満足するという辺に、心の腰をすえてかかるんですね。

——修身教授録

8月26日

報いを求めぬ境涯

かくして人間も、報いを求める心から抜け出すことができたら、その時初めて心清らかになると申せましょう。同時にまた初めて、そこに人間の気品というものも出てくるわけであります。

つまり人間というものは、五分五分の心、すなわち「自分がこれだけしてやったからには、先方もこれくらいのことは、してくれても良さそうなものだ」という心のある間は、その人柄の上に、どこか卑しい影がつきまとうものであります。

すなわち多少のことでも他人《ひと》のために尽くせば、どうしてもそのことが頭から去らないのであります。また他人《ひと》から何か言われれば、必ず何とか言い返しをせねば落ち着かないとか、また他人《ひと》が自分の陰口を言っていたと耳にすると、その人に向かって何とかしなければ腹の虫がおさまらないとか、ないしそれほどではないとしても、いつまでもそれが頭にこびりついて、どうしても離れないのです。

総じてかくのごときものは、いずれもいわゆる五分五分の根性であって、これを難しい言葉で申せば、いわゆる「相対的態度」というものであります。人間のあらゆる悩みと苦しみとは、畢竟《ひっきょう》するに皆この五分五分の心より起こるのであります。もちろんわたくしたちのこの五分五分の心というものは、その種類も実に際限のないわけですが、しかしそれを脱するには、さしあたってここにお話した「報いを求めぬ」境涯にいたるように努力することでありましょう。

――女性のための「修身教授録」

8月
27日

言葉の響き

言葉の響きは偉大である。
一語一音の差に天地相距《へだて》る響がある。
それゆえ言葉の味に徹することは、やがて人生に徹することである。
名前をかえると自分が別人になったような気持ちがする、ここにも言葉の妙味がある。

――森信三訓言集

8月28日

尊敬と進歩

尊敬するものがなくなった時、その人の進歩は止まる。
年とともに尊敬するものが、はっきりして来るようでなければ、人間も大成はしない。

——森信三訓言集

8月
29日

選師

師を選ぶに三あり。素質よき者は唯一度にして選ぶ。次は求め求めて、ようやくにして探り当てるなり。さらに素質の劣れるに至っては、最初その師を与えられながら、無知ゆえにその偉を偉とする能わず。迷い迷いて多年彷徨《ほうこう》のあげく、再び元の師に舞い戻るなり。予のごときこの典型的なるものなり。

――下学雑話

8月30日

敬師

真空を造らんとせば、非常なる物理的努力を要するも、一旦できれば、非常なる吸収力を蔵して恐るべきものとなる。

師説を吸収せんとせば、すべからくまず自らを空しうするを要す。

これ即ち敬なり。

故に敬はまた力なり。

真の自己否定は、所謂《いわゆる》お人好しの輩と相去ることまさに千万里ならむ。

――下学雑話

8月31日

銘

学者にあらず
宗教家にあらず
はたまた
教育者にもあらず
ただ宿縁に導かれて
国民教育者の友として
この世の「生」を終えむ

終戦後引きあげ間なくして
心に浮びしままにこれを記す　信

9月

1日 天知る地知るわれ知る
2日 カベの存在
3日 生の充実
4日 人生の意義の究明
5日 正しい道を知る叡智
6日 人と禽獣との違い
7日 なぜ人間に心があるか
8日 人間の自由と責任
9日 生命の貴さ
10日 野心と志の区別
11日 乃木将軍 一
12日 乃木将軍 二
13日 学問とは
14日 研究十年
15日 敬
16日 敬を欠く者
17日 一生の見直し
18日 人生の原点に戻るべき年代
19日 いのちの尊厳
20日 運命共同体
21日 いのちの根本原則
22日 繁栄律
23日 人格的甦生の第一歩
24日 将来の飛躍への原動力
25日 仕事の処理
26日 仕事のコツ
27日 漏さぬ工夫
28日 口の慎み
29日 真の大望
30日 短歌 ②

9月1日

天知る地知るわれ知る

わたくしの生涯をかえりみて痛感するのは、俗言ではありますが、「天知る地知るわれ知る」ということでありまして、長い眼で見ますと、天は実に至公至平であり、長い眼で見ますと世の中というものは実に、正直そのものであると思わざるを得ないのであります。

ですから人は一時期下積みになっても、それは将来の土台づくりであり、一時の左遷や冷遇は、次の飛躍への準備期であり、忍耐力・持久力の涵養《かんよう》期として隠忍自重《いんにんじちょう》して、自らの与えられたポストにおいて、全力発揮を怠らなかったら、いつか必ずや日の目を仰ぐ日のあることを確信して疑わないのでありまして、これが八十有余年の生涯を通してのわたくしの確信して疑わないところであります。

——父親のための人間学

9月2日

カベの存在

人間というものは、どうも何処かで阻まれないと、その人の真の力量は出ないもののようです。これは水力発電の理と同じことです。西田（幾多郎）先生にしても、また西（晋一郎）先生にしても、何れも同様の道を歩まれた方です。

9月3日

生の充実

われわれ人間は、わが身がこの地上的「生」を恵まれたことに対して、その不可思議さを、ふかくその根源にまでさかのぼって考えるべきではないかと思うのである。同時に又それは、やがてわれわれ自身の生きる力を強めかつ増大するゆえんともなるであろう。

何となれば、そのようにわれわれが、自らの存在自体に対して驚異の念を抱き、その不可思議性に驚異するということは、実はわれわれ人間が、自己の「生」の絶対的根源に返照して、そこに「生」の根本的源泉を汲むゆえんに他ならぬからである。実さい自己の「生」のよって来《きた》った根源に対して、全然無自覚に、その日々が日常的生の間に埋没している人々に、どうして「生」の充実がありうるであろうか。その不可能はいうまでもないにも拘《かかわ》らず、しかも如何に多くの人々が、かかる無自覚的な状態のうちに、この短い地上的「生」を終えることであろう。

かくしてわれわれにとって最も重大な問題は、何よりもまずわれわれ自身が、一人の人間として、この地上的「生」を恵まれたことについて、その意義を探求するのいいでなくてはならぬであろう。

——若き友への人生論

9月4日

人生の意義の究明

われわれは、この「人生二度なし」という至上の真理をふまえながら、さらに一歩をすすめて、このように二度と繰り返えし得ない人生のもつ内容的意義を明らかにしなければならぬであろう。というのも単にこのわれわれの人生が、二度と繰り返えしえないというだけでは、われわれのこの地上的「生」が如何なる意義を有し、それを如何に実現すべきかということは、何ら明らかにされているとは言い難いからである。

かくしてわれわれの考察は、二度と繰り返えし得ないわれわれのこの地上的「生」は、そもそも如何なる意義を有するかを究明するの要があるであろう。即ち換言すればわれわれ人間が、絶大なる宇宙の大生命から、この地上的「生」を賦与せられたのは、そもそも如何なる意味があり、さらにはいかなる使命が負わされていると考えたらよいであろうか。同時にこの問題を究明することは、そのまままた人生の意義そのものを究明することに外ならぬといえるであろう。

――若き友への人生論

9月5日

正しい道を知る叡智

思うにわれわれが、人間として真に正しい道を知る叡智《えいち》は、ある意味では、人間界を打ち越えたところから照射して来るとも言えましょう。すなわちわれわれは自分の姿を、われとわが心にはっきりと映す鏡のような心にならない限り、真の正しい道は見えないのであります。

かくして真の叡智とは、自己を打ち越えた深みから射してくる光であって、私達はこの光に照らされない限り、自分の真の姿を知り得ないのであります。そうしてかような反省知、自覚知を深めていくことによってわれわれは、初めて万有の間における自己の真の位置を知り、そこに自らの踏みいくべき大道を見出すことができるのであります。

かくしてわれわれ人間が、この天地宇宙に生まれ出た一微小存在としての真の人間の道は、このように天地を背景として初めて真に明らかとなるのであり、さらには天地の大道と合するに至って、初めて真の落ち着きを得るわけであります。

――修身教授録

9月6日

人と禽獣との違い

われわれ人間は、自己に対する反省と自覚を欠く間は、この天地大宇宙の間にありながら、しかも天地人生の道を明らかにし得ないのであります。かくしてわれわれ人間は、自己がこの世に生まれ出た真の意義を知り、自らの使命を自覚して、いささかでもこれを実現しようとするところに、人と禽獣《きんじゅう》の真の本質的な違いがあると言うべきでしょう。

人間以外のものには、自分の使命を自覚するものが一つとしてあり得ないことは、今さら言うまでもないことです。さればそれら草木禽獣の類は、自らの自覚によって自己の本来の意義を実現するものではなくて、われわれ人間の助けを借りて、初めてその本質を発揮するところに、その根本的な宿命があるわけであります。

ですから、今われわれ人間にして、人生の意義の何たるかを知らず、したがってまた自己の生涯をいかに過ごすべきかに考え至らないとしたら、本質的には禽獣と、何ら異なるところのないものと言えましょう。

――修身教授録

9月7日

なぜ人間に心があるか

しからば大自然は、なぜわたくしたち人間に、かような心の働きを授けられたのでしょうか。もしわれわれ人間に心の働きのあることが、ただわれわれを迷わし怠らせるだけでしたら、おそらく神はかようなものを授けられはしなかったに相違ないでしょう。

では、わたくしども人間の心の真のあるべき相は、一体いかなるものというべきでしょうか。それはただ自己のなすべき営みを、かの動植物におけるように、ただ無意識に、いわば機械的に営むばかりでなく、自己のなすべきことを意識的に自覚して、その深い意味を知りつつ履み行わんがためでありましょう。

なるほど動植物に迷いはありません。これ動植物に勤惰なきゆえんであります。しかしながら、同時にまたそれは、自覚から出るものではありませんから、あの菊は近頃非常に勉強しだしたというようなこともないわけです。今年はこの庭の菊の出来がよかったといいましても、それは菊自身の努力によるものではなくて、実に菊作りである人間自身の努力によるものであります。すなわちその行き届いた手入れの結果に過ぎないわけであります。

——女性のための「修身教授録」

9月8日

人間の自由と責任

植物の出来映えのよしあしは、畢竟《ひっきょう》それに対して尽くす人間の心の弛張《しちょう》、浅深の現れにほかならないのであります。かように考えてまいりますと、わたくしどもは、ここに人間としての生を享《う》け、心を与えられたことに対しては、何物にもまして深く感謝しなければならぬと思うのであります。同時にまたそのことの意味をよく考えて、心をその正しさにおいて生かさなければならないでしょう。

神はわれわれ人間を、迷わせんがために心を授け給うたのではなく、動植物には見られない自覚の光に照らして自らの道を知り、日々の務めを営ましめんがためでありましょう。心の働きを与えられたということは、すなわちまた自由を与えられたということでもあり、自由を与えられたということは、またそれに対する責任を負わされたものといわねばならぬでしょう。

——女性のための「修身教授録」

9月9日

生命の貴さ

思えば私達が、何ら自らの努力によらないで、ここに人間としての生命を与えられたということは、まことに無上の幸と言うべきでしょう。しかも私達は、これが何ら自己の努力によるものでないために、かえってこの生命の貴さに対して、深い感謝の念を持ち得ないのです。すなわち自分のこの生命に対して、真の感謝、愛惜の念を抱き得ないのです。

諸君、試みに深夜、一本のローソクを机の上に立てて、端座瞑目して、過ぎ去った自分の過去を顧みてごらんなさい。そして自分がすでに、人生の四分の一近くを空費したことに想い至る時、諸君は、果たしてどのような感慨に打たれるでしょうか。その時諸君らの人生は、初めて真に自覚的な一歩を踏み出すとも言えましょう。

——修身教授録

9月10日

野心と志の区別

人間が志を立てるということは、いわばローソクに火を点ずるようなものです。ローソクは、火を点けられて初めて光を放つものです。同様にまた人間は、その志を立てて初めてその人の真価が現れるのです。志を立てない人間というものは、いかに才能のある人でも、結局は酔生夢死の徒にすぎないのです。そして酔生夢死の徒とは、その人の心の足跡が、よたよたして、跡かたもなく消えていくということです。

そこからしてまた私達は、また野心という言葉と「志」という言葉との区別をせねばならぬでしょう。野心とか大望というは、畢竟するには自己中心のものです。すなわち自分の名を高め、自己の位置を獲得することがその根本動機となっているわけです。ところが、真の志とは、この二度とない人生をどのように生きたら、真にこの世に生まれてきた甲斐があるかということを考えて、心中につねに忘れぬということでしょう。ですから結局最後は、「世のため人のために」という所がなくては、真の意味で志とは言いがたいのです。

──修身教授録

9月11日

乃木将軍一

乃木将軍は、つねに戦場を忘れず、洗面の水は、器に半分ほどしか用いられざりしという。

教師も平教員時代より、学校の電燈、火鉢の帰り火、水道の栓の閉じ方等々に至るまで、つねに学校の経済を念頭に置く人は、他日相当の人物となるべし。

首席や校長の地位になつてから、初めてこれらに気付く程度では唯の人間なり。

——下学雑話

9月12日

乃木将軍二

乃木将軍、就寝は常にズボンを穿《は》かれしまゝなりしと。われわれも宿直のさいの範とすべきなり。スワ火事といってから、暗闇の中ではズボンを手探りしている様では、急の間には合わぬと知るべし。室の入口に靴をそろえて置くも、宿直者の心得の一つならむ。

——下学雑話

9月
13日

学問とは

学問は、普通には頭脳を以てするものと考えらるれど、
実は全身を提《さ》げて学ぶべきものなり。
さらには自己を中心とする一家庭、一学級、一学校を提げて学ぶべきなり。
否、さらに根本的には、
わが一身を修めることを通して、
治国平天下の大業にも連なるべきなり。

——下学雑話

9月14日

研究十年

自分の研究が正しきか否かは、自己の職責に照らして見れば自ら明らかならむ。

単に資格をとらんが為の研究、または世評を得んがための研究なるべからず。

如何に深き研究といえども、わが眼前にいる子らの上に生かさるる処なかるべからず。

これ実に教師の研究の根本標準なり。

かゝる研究は、年と共にようやく進歩して止まず。

けだし現実そのものに根を下せるが故なり、但しかゝる態度による研究は、双葉の出ずるに、先ず十年はかゝるべし。

されば、あらかじめその覚悟を要す。

——下学雑話

9月15日

敬

敬とはどういうことかと申しますと、それは自分を空うして、相手のすべてを受け入れようとする態度とも言えましょう。ところが相手のすべてを受け入れるとは、これを積極的に申せば、相手のすべてを吸収しようということです。

ところが、相手のすべてを吸収しようとすることは、これをさらに積極的に申せば、相手の一切を奪わずんば已まぬということだとも言えましょう。ですから真に徹底した敬というものは、生命の最も強い働きに外ならぬというわけです。

ですから、すべて尊敬するとか敬うということは、自分より優れたものを対象として発するこころの働きです。自分よりつまらないもの、自分より劣弱なものに対して、敬意を払うということはかつてないことです。ですから敬うとは、自分より優れたものの一切を受け入れてこれを吸収し、その一切を奪いとって、ついにはこれを打ち越えようとする強力な魂の、必然な現れと言ってもよいでしょう。

――修身教授録

9月16日

敬を欠く者

世間では、人を敬うということは、つまらないことで、それは意気地のない人間のすることででもあるかのように考えられているようですが、これは大間違いです。

それというのも、自分の貧寒なことに気付かないで、自己より優れたものに対しても、相手の持っているすべてを受け入れて、自分の内容を豊富にしようとしないのは、その人の生命が強いからではなくて、逆にその生命が、すでに動脈硬化症に陥って、その弾力性と飛躍性とを失っている何よりの証拠です。

そもそも人間というものは、単なる理論だけで立派な人間になれるものではありません。

理論が真に生きてくるのは、それが一個の生きた人格において、その具体的統一を得るに至って、初めて真の力となるのです。

したがって諸君らも、単に理論の本を読んでいるだけでは、決して真の力は湧いてこないのです。

——修身教授録

9月17日

一生の見直し

われわれ凡人には、たとえ四十になったからといって、孔子が四十にして到達したような深さに至り得ないことは、言うまでもありません。しかし人間も四十前後になりますと、その器の大小にかかわらず、一応の落ち着きには達するものであり、とくにそれまで心の歩みを怠らなかったら、人間としての道も、一応おぼろ気ながら分かりかけると言ってよいでしょう。

今仮に人生を山登りに喩《たと》えますと、四十歳はちょうど山の頂のようなもので、山の頂に立って見ますと、わが来し方も、初めてしみじみと振り返ってみることができると共に、また後半生をいかに生きたらよいかということも、仄《ほの》かながら見え始めて来るようであります。それはちょうど山登りにおいて山の頂に達すれば、わが来し方を遙《はる》かに見返すことができるとともに、また今後下り行くべき麓路も、大体の見当はつき始めるようなものです。

それ故人間も四十歳前後になったならば、自分の一生について、大体の見通しがつきかけねばならぬと思うのです。そうしてわが命の果てる地点についても、大よその見当がつき出さねばならぬと思うのです。

――修身教授録

9月18日

人生の原点に戻るべき年代

人間四十歳ともなれば、一応その職場における責任ある立場に立たされるわけで、家庭的にも子どもはすでに小学高学年もしくは中・高生に成長しており、父親の権威が問われる年代になるわけであります。それゆえ、職場においても家庭においても実に責任重大な年代である以上、一段の自己充実を要する年代であり、仕事の面でも、自分なりに一応の結実を図るべき年代と申せましょう。

それに次ぐ五十歳代はどうかと申しますと、「五十にして天命を知る」というコトバのとおりに、仕事の上でたいした飛躍も冒険も許されない年代であり、いよいよもって天命を畏《かしこ》み、自らに与えられた使命の一道を果すべき年代であります。その上に後進の指導にも一段と拍車を掛け、社会的にも何らかの奉仕貢献を心掛けるべき年代といえましょう。

では六十歳代はどうでしょうか。六十歳になりますと一般には定年を迎えて第二の人生に突入するわけですが、六十歳はまた還暦ともいわれるように、もう一度人生の原点に戻り、改めて人生修業を志さねばならぬ年代と申せましょう。『論語』にも「耳順《じじゅん》」の年と申すように、年齢を問わず、とりわけ若い人々から、改めて聴き取り学ぶ態度を失ってはならぬと思われます。それゆえ六十歳代は聴聞修業の年代と申したいのであります。

——父親のための人間学

9月19日

いのちの尊厳

人は自分の生《いのち》の尊厳に目覚めたら、次におのずから導かれるのは、いちばん身近かな、切るにも切れない血につながる親のいのちの尊さのはずです。もっとも人によっては、その順序が逆の人もありましょう。すなわち、まず親のいのちの尊厳に目覚めることによって、自分の「生」の尊さを知るとも言えましょう。しかしこの二者は、実はあと先ではなくて、全く同時湧出と言うべきではないでしょうか。

否それどころか、ひとたびいのちの尊厳に真に目覚めますと、人は親のみならず、これまでそれ程までに思わなかった他人の「生《いのち》」も親しく思われ、さらには自然界の樹々のみどりや鳥の囀《さえず》り、さらには大空の蒼さまでがひとしお輝きをましたかに感じられてくるようです。あの「世紀の偉人」といわれたシュバイツァーがランバレーネの密林の中を舟でさかのぼっているとき、突然、五体に霊感として打ちひびいてきたのは、この生きとし生けるものの「生命の尊厳」だったといわれます。

――現代における孝の哲理

9月20日

運命共同体

結局、親の運命がまずあって、しかる後自分の運命もスタートしたわけであります。しかもわが意志のいかんを問わずにスタートしたわけであります。それゆえいのちの連関からいえば親と自分とは、いわば運命的紐帯《ちゅうたい》によって結ばれている運命共同体とも申せましょう。それゆえ親をその所業によって軽視するということは、ひっきょうして自己を軽んずることであります。

随ってまた親を軽視する者は自己の運命を呪うものであり、自己の運命に唾を吐きかけるようなものであります。かかる人たちこそ、まさに文字通りに忘恩背信の徒と言うべきであります。それゆえ少なくとも親だけは絶対に軽視しないという、不軽の信だけは、おたがいに持ちたいものであります。絶対不軽の最低基本線だけは、深く遵守したいものであります。

ここで思い起すのは「親を軽んずる者は自己の運命の繁栄律に反する」という橋本徹馬氏の一語でありまして、とりわけ肝に銘ずべき真言でありましょう。

——現代における孝の哲理

9月21日

いのちの根本原則

たらちねの親のみいのちわが内に生きますと思ふ畏《かしこ》きろかも

という一首がありますが、つまり親とは無量の祖先の代表者であり、祖先からの血の継承の最先端の一点なわけであります。

ですから親を軽視することは、無量多の祖先を軽んずることであり、否、端的には自己そのもののいのちを軽視することでありまして、いのちの根本法則に反するわけであります。

それゆえ親に対する敬愛の情は、おのが生の尊厳にも繋《つな》がることを、わたくしどもはいま一度かえりみるべきであろうと思われます。

――父親のための人間学

9月22日

繁栄律

親とは無限の祖先系列の代表者であり、「血」の継承者であります。それゆえ、わが体内を駆け巡り、脈々と鼓動している血流の中に、先祖伝来の血が脈打っているわけであります。

それゆえ親を軽視するものは、実は己自身をさげすむわけであり、おのが運命を呪うものともいえましょう。

それゆえまた親を敬愛するものは、自分自身を敬愛することになり、自己の運命の繁栄律に繋がることを改めて知らねばならぬと思うのであります。

——父親のための人間学

9月23日

人格的甦生の第一歩

そもそも仕事の処理ということは、いわば寡兵をもって大敵に向かうようなものであって、一心を集中して、もって中央突破を試みるにもひとしいのです。

同時にまた広くは人生の秘訣も、結局これ以外にないとも言えましょう。実際あれこれと気が散って、自分がなさねばならぬ眼前の仕事を後回しにしているような人間は、仮に才子ではあるとしても、真に深く人生を生きる人とは言えないでしょう。

もし諸君らの中に、私のこの言葉をもって、「これは自分のことを言われている」と感じる人があったとしたら、今日限りその人はいわゆる散兵方式を改めて、自分の全エネルギーを一点に集中して、中央突破を試みられるがよいでしょう。

同時にこの点に関する諸君らの生活態度の改善は、実は諸君らの人格的甦生《こうせい》の第一歩と言ってよいでしょう。

——修身教授録

9月24日

将来の飛躍への原動力

人間というものは、自分の欠点に気付き出した時、ある意味では、すでにその欠点を越えようとしつつあるといってもよいでしょう。

ですから諸君らは、今生徒としての現在において、やがて来るべき日の自分の姿のみじめさが見えるくらいでなくては、とうてい真の教師にはなれないでしょう。

すなわち「自分もいつまでもこんなことをしていたんでは、大した教師になれないだろう。一端の教育者となるには、何とかして現在のこの生温《なまぬ》るさを克服しなければならぬ」と、日夜思いつめるところがなくてはならぬのです。

この思いつめる力そのものが、実は刻々に、自分に対して内面的な力を与え、それがやがてまた将来の飛躍への原動力となるのです。

——修身教授録

9月25日

仕事の処理

仕事の処理いかんに、その人の人間としての偉さのほどが、伺えるとさえ言えるほどであります。実際われわれは、平生うっかりしていると、仕事の処理などということに修養上の一つの大事な点があろうなどとは、ともすれば気付きがたいのでありますが、事実は必ずしもそうではないのです。否、真の修養というものは、その現れた形の上からは、ある意味ではこの仕事の処理という点に、その中心があるとさえ言えるほどです。少なくとも、そう言える立場があると思うのです。

なるほど、坐禅をしたり静坐をすることなども、確かに修養上の一つの大事なことに相違ないでしょう。あるいはまた、寸暇を惜しんで読書をするということなども、修養上確かに大事なことと言えましょう。しかしわれわれが、かような修養を必要とするゆえんを突きつめたら、畢竟するにわれわれの日常生活を、真に充実した深みのあるものたらしめんがための、方便と言ってもよいでしょう。

――修身教授録

9月26日

仕事のコツ

日常生活を充実したものにするとは、一体何なのかと言えば、これを最も手近な点から言えば、結局自己のなすべき仕事を、少しの隙間もおかずに、着々と次から次へと処理して行くことだと言ってもよいでしょう。

すなわち、少しも仕事を溜めないで、あたかも流水の淀《よど》みなく流れるように、当面している仕事を次々と処理していく。これがいわゆる充実した生活と言われるものの、内容ではないでしょうか。

さらにまた深みのある生活と言っても、この立場から見たならば、自分のなすべき仕事の意味をよく知り、その意義の大きなことがよく分かったら、仕事は次つぎと果たしていかれるはずであって、そこにこそ、人間としての真の修養があるとも言えましょう。否、極言すれば、人生の意義などといっても、結局この点を離れては空となるのではないでしょうか。また実にそこまで深く会得するのでなければ、仕事に真にとどこおりなく処理していくことは、できまいと思うのです。

——修身教授録

9月
27日

漏さぬ工夫

総じて計画は、事の完成を見るまでは、絶対に口外すべからず。
これ物事を成就するの根本秘訣なり。
如何なるものも、完成せるものには一応の価値あり。
これに反し如何に優れしものを目ざしても、
中途半端に了《おわ》れるものは、結局何の役にも立たず。

——下学雑話

9月28日

口の慎み

場所と相手の如何に拘らず、言うべからざることは絶対に口外せぬ。この一事だけでも真に守り得れば、先ずは一かどの人間となるを得む。

――下学雑話

9月29日

真の大望

国家の全運命を、自分独自の持ち場のハンドルを通して、動かさずんば已まぬという一大決心の確立した時、その人の寿命は、天がその人に与えた使命を果たすだけは、与えるものです。それよりも永くもなければ短くもありません。

諸君はすべからく大志大望を抱かなければならぬ。しかし真の大望は、私利私欲の立場であってはならぬのです。その意味からは、「真志正望」と言ってもよいわけですが、しかしまあ若い諸君らには、大志大望という方がピッタリするでしょう。諸君らのとり組む真の相手は、同級生や、池田師範の生徒などではなくて、欧米の師範生です。

このことが分からぬようでは、諸君も本当のことはできないでしょう。

――修身教授録

9月30日

短歌②

これの世の再び無しといふことを
命に透《とほ》り知る人すくな
これの世に幽《かそ》けきいのち賜《た》びたまひし
大きみいのちをつね仰ぐなり

一到

10月

1日　人間の真価
2日　仏の彫刻、悪魔の彫刻
3日　確実な真理
4日　死後の生命
5日　人生の妙味
6日　甘い考え
7日　真の謙遜
8日　真に畏るべき人
9日　自分を化石化する人
10日　尊敬するということ
11日　人間のお目出たさとするどさ
12日　出処進退の問題
13日　批評的態度
14日　大馬鹿に陥る危険
15日　自己を鍛える最上の場所
16日　あらゆる悩みの「因」
17日　真に強くなるには
18日　読書
19日　いのちの宝庫
20日　進歩の三段階のプロセス
21日　人生の峠路
22日　人生五十年の計
23日　一体となる
24日　片手間仕事
25日　「人間の生命」に値する生き方
26日　人間として大事な二か条
27日　人生の幸福
28日　表裏両面の調和
29日　求道
30日　求道の出発点
31日　神の授け

10月1日

人間の真価

綱渡りが喝采を受けるのは、なるほど途中でも喝采は受けましょうが、しかし真の喝采となると、どうしても向こう側へ着いてからでないと、真の喝采とは言えないでしょう。と言うのも、もしも万一のことがあったならば、途中での喝采はたちまち無効になるからです。そこで真に間違いのない喝采となると、やはり首尾よく綱を渡り終えてからでないといけないわけです。

同様に今、一人の人間の真価が本当に認められるのも、――もちろん、生前に認められるということもないわけではありませんが、――しかしどうしても動かぬところとなれば、やはり亡くなってからのことでしょう。ところでここに注意を要する点は、なるほど綱渡りで真に喝采を受けるのは、向こう側へ着いてからのことですが、しかしそのように喝采せられる内容はどこにあるかと言えば、やはり綱を渡る間の渡り方にあるわけで、決して向こうへ着いてからの態度や状態ではないはずです。

同様にいま人間の真価が、本当に認められるのは、その人の死後に相違ないですが、しかもその真価は、死後にあるのではなくて、実に生前の生活そのものにあることを忘れてはならぬのです。結局一口に申せば、その人の一生が、いかほど誠によって貫かれたか否かの問題でしょう。

――修身教授録

10月2日

仏の彫刻、悪魔の彫刻

わたくしたちは、常にこの自分というものを、形づくり磨き出していかねばならぬのであります。

お互いにウッカリすると、自分というものは、すでにできあがったもののように考えがちですが、実はこの自己というものは、刻々に形成されつつあるものであります。

すなわちわたくしたちの生活は、一日一日がそのまま自己形成であり、さらには一呼吸から一挙手一投足までが、いわば彫刻師ののみのひと彫りひと彫りが、その彫刻を刻み出してゆくように、わたくしたちはこの自分という一大彫刻を刻みつつあるともいえましょう。

そこに仏が刻み出されるか、はたまた悪魔が刻み出されるかは、ひとえに彫刻師としてのわたくしたちの心一つにあるわけであります。

——女性のための「修身教授録」

10月3日

確実な真理

わたくしの力説したいのは、われわれのこの地上の「生」は、遙遠《ようえん》極まりなき過去から、無窮なる未来にむかって展開する無限なる宇宙的生命の一瞬的な閃光《せんこう》に過ぎないわけであるが、それにも拘《かかわ》らずわれわれの人知は、自らの「生」の来処についても、はた又死して後ゆくべき世界についても、何らこれを対象的には把握しえないのであって、わずかに全我を捧げてその秘奥の一端に触れうるのみだといってよい。

かくしてわれわれ人間にとって、現実的な確実性をもつのは、わずかにこの限られた地上に、九十年の「生」でしかないわけであり、しかもそれは、わたくしの信ずるところによれば、二度と繰り返えし得ないものといわねばならぬ。さればわれわれ人間にとって確実な真理は、このわれわれの地上的「生」が、二度と再び繰り返えし得ないことを確認しつつ、その最善の努力を怠らぬということであろう。

即ちわれわれ人間に許されていることは、この八、九十年に過ぎない地上の「生」を、いかに意義あるように、充実して生きるかということであって、これのみはいかなる人間にとっても異議のない、この現実界における至上の真理といってよいであろう。

――若き友への人生論

10月
4日

死後の生命

死後の生命をどう考えるか——という問題ですが、佳き人にめぐりあえたら死後もその人の心に遺るのは確実でしょう。つまりこちらは先に死んでも、相手の心に印象や思い出は尾をひきましょうね。またたとえ相手の人が死んでも、もしその人が卓《すぐ》れていたら、他人にも伝わる可能性はありましょうね。同時にそれ以上を考えるのは人間の欲というものでしょう。外道です。だが死後もこういうふうな形で生き残るといえることは一おう事実といえましょう。

一般的に死後があると言ったら誤解があり、また死後は無いといっても異論がある。この微妙な点を釈尊も分かっておられたと思いますね。況《いわ》んや相手かまわずに、「あなたは死後があると思いますか、死後はないと思いますか」などと、人に質問するのは、全く宗教というものの分からん人といってよく、いわんや大ぜいの人のいる前などでそうした質問をすること自身、相手の方に対して非礼というべきでしょう。そもそもデリカシーということの分からぬということ自体が、信仰が分からんというわけです。

死後のことは分かりません。わたくしは死後は生まれる前のいのちのふる里へ還るものと信じています。しかし論証は出来ません。それゆえに生きている間は、お互いに精いっぱい生きなければなるまいと思っています。わたくしの申す「人生二度なし」というのはそこから生まれたコトバです。

——不尽精典

10月5日

人生の妙味

人生というものは、予定通りにゆくことが、必ずしも最上とは限らぬということです。そもそも予定通りにいった人生というものは、せいぜい八〇点そこそこのものといってよいでしょう。即ち予定通りの人生というものは、とかく平板単調なものでありまして、むしろ予定の破れて行く悲しみに逢いながら、しかもそこに新たなるより深い償いを見出して行く人生こそ、真に奥行きがあり、深みのある人生ということが出来ましょう。また実に古来偉人といわれるような人々の辿った足跡は、このことの真理性を実証して余りあるといえましょう。実際わたくしたちは、自己にとって最大の期待の破れたような場合、そうした悲しみのどん底において、深い新たなる光明に接するのであります。

かくして人生の真の妙味は、いわゆる予定通りに進行することではなくて、自分の立てた予定の崩れ行く時、しかもそこにより深い人生の意義を発見する処に味わわれるのであります。随ってまた、人生に対してこのような根本態度の確立している人にとっては、いかなる不幸も、決して単なる不幸に終わるものではないわけです。なるほど一面からは、確かに不幸には違いありませんが、しかもそれを機として、より大いなる幸を得るのが、卓れた人々の人生態度であります。

――続・修身教授録

10月6日

甘い考え

人間という者は、やる時には全力を挙げて一気にやるんでないとダメです。

二部一年生二百人余りの中で、この間出してもらった感想をたった一枚、しかもなぐり書きした人が五六人ありましたが、人間もあの程度で世の中が渡れると考えているとしたら、実さい気の毒という外ありません。

そういう甘い考えでいますと、在学中はそれでも何とか済むとしても、世間は少しも容赦しないですからね。

人間はつねにピチピチと、魚が跳ねているようでなくてはダメです。

現在の提出物一つの上にも、そこにはすでに、諸君らの卒業後五年十年先の姿が、こもっているといえましょう。

——続・修身教授録

10月7日

真の謙遜

謙遜ということは、わが身を慎んで己れを正しく保つということが、その根本精神をなすのであります。つまりいかなる相手に対しても、常に相手との正しい関係において、自己を取り失わぬということでありま す。すなわち必要以上に出しゃばりもしなければ、同時にまた妙にヘコヘコしないということであります。してみれば、人は真に謙遜ならんがためには、何よりもまず自己というものが確立している事が大切だと言えましょう。

すなわち相手が目下であるからとて調子に乗らず、また相手が目上なればとて、常に相手との正しい身分関係において、まさにあるべきように、わが身を処するということであります。

——修身教授録

10月8日

真に畏るべき人

すべて偉人というものは、後悔しないもののようであります。

現に宮本武蔵なども、その『五輪之書』において、「われ事において後悔せず」と言っているのです。

そこで諸君らも一つ、後悔しないような人間になって戴きたいものです。

それはいかなる失敗も、必ずやこれを最善に生かすという心がけが大切でしょう。

失敗を成功以上に生かす人間こそ、真に畏《おそ》るべき人間であります。

——修身教授録

10月9日

自分を化石化する人

真に自分を鍛えるのは、単に理論をふり回しているのではなくて、すべて理論を人格的に統一しているような、一人の優れた人格を尊敬するに至って、初めて現実の力を持ち始めるのです。同時にこのような一人の生きた人格を尊敬して、自己を磨いていこうとし始めた時、その態度を「敬」と言うのです。

それ故敬とか尊敬とかいうのは、優れた人格を対象として、その人に自分の一切をささげる所に、おのずから湧いてくる感情です。そこで仮に神仏を対象とした場合でも、これを単に冷ややかな哲学的思索の対象としている間は、まだ真に畏敬《いけい》の心を発するには至りません。すなわち、それはまだ眺めている態度にすぎないのです。

しかるに今それを神仏、すなわち絶大な人格として仰ぐとなると、そこに初めて宇宙的生命は、有限なるわれわれ自身の内へ流れ込んでくるのです。バケツに汚い水を入れたままでは、決して新しい水は入らない。古い水を捨て去って、初めてそこに新たな水を満たすことができるのです。

尊敬の念を持たないという人は、小さな貧弱な自分を、現状のままに化石化する人間です。したがってわれわれ人間も敬の一念を起こすに至って、初てその生命は進展の一歩を踏み出すと言ってよいでしょう。

――修身教授録

10月10日

尊敬するということ

尊敬するということは、ただ懐手で眺めているということではなくて、自分の全力を挙げて相手の人に迫っていくことです。地べたをはってにじり寄っていくように―です。つまり息もつけないような精神の内面的緊張です。薄紙一重もその間に入れないところまで迫っていく態度です。

迫ろうにも迫れないと思っているのは、君がまだ真に迫ろうとしていないからです。人間としてのほんとうの力が、また動き出していないからです。つまり生命の要求が弱いのです。

しかしされぱと言って無理はできません。現に私も、高師在学中のまる四ヵ年というものは、一度も西先生のお宅へ伺ったことはありませんでした。そうして大学を出て数年してからボツボツ先生の教えを受けるようになったのです。

実際人間というものは、自分の生命力の弱い間は、生命力の強い人にはなかなか近付けないものです。そこでそれまでは、内に力の湧いてくるまで、じっとしていることです。

ここに力の湧いてくるというのは、優れた人の真のお偉さが分かり出すまでということです。自分が偉くなったと思うことではなくて、先生のお偉さが分かりかけるということです。

――修身教授録

10月11日

人間のお目出たさとするどさ

そもそも私達が、一つの徳目を真に徹底的に履み行わんがためには、結局根本において、人格の転換を必要とすると言えましょう。たとえば人が傲慢《ごうまん》に振舞うということは、畢竟《ひっきょう》するに、その人が調子に乗っているということであり、したがってそれは、一見いかにもえらそうにしていながら、実は人間のお目出たい何よりの証拠であります。つまり自分のそうした態度が、心ある人から見られて、いかに滑稽であるかということに気付かない愚かさであります。同時にまた卑屈ということは、一面からは、その人間のずるさの証拠とも言えましょう。何となれば、人間は卑屈の裏には、必ず功利打算の念が潜んでいると言ってよいからです。

たとえば卑屈というのは、実際にはそれほど尊敬もしていない相手に対して、功利打算の念から、いかにも尊敬しているかのごとく振舞うことだからであります。これ人間のずるさでなくして何でしょう。

かくして傲慢は、外見上いかにも偉らそうなにもかかわらず、実は人間がお目出たい証拠であり、また卑屈とは、その外見のしおらしさにもかかわらず、実は人間のずるさの現れと言ってもよいでしょう。

——修身教授録

10月12日

出処進退の問題

すべて物事は、平生無事の際には、ホンモノとニセモノも、偉いのも偉くないのも、さほど際立っては分からぬものです。ちょうどそれは、安普請の借家も本づくりの居宅も、平生はそれほど違うとも見えませんが、ひとたび地震が揺れるとか、あるいは大風でも吹いたが最期、そこに歴然として、よきはよく悪しきはあしく、それぞれの正味が現れるのです。

同様にわれわれ人間も、平生それほど違うとも思われなくても、いざ出処進退の問題となると、平生見えなかったその人の真価が、まったくむき出しになってくるのです。

先に私は、出処進退における醜さは、その人の平素の勤めぶりまで汚すことになると申しましたが、実は、出処進退が正しく見事であるということは、その人の平生の態度が、清く正しくなければできないことなのです。

――修身教授録

10月13日

批評的態度

人間は批評的態度にとどまっている間は、その人がまだ真に人生の苦労をしていない何よりの証拠だとも言えましょう。もちろんその人の性質にもよることですが、とにかく自分は懐手をしていながら、人の長短をとやかく言うているのは、まだその心に余裕があって、真の真剣さには至っていないと言ってよいでしょう。

それはちょうど食物などでも、かれこれ好き嫌いを並べていられる間は、まだ真に飢えの迫っている人ではないわけです。人間が真にせっぱ詰まったならば、そういうぜいたくなことは言うていられないはずです。

——修身教授録

10月14日

大馬鹿に陥る危険

批評ということは必ずしも悪いことではありません。否、批評知には、一種独特の鋭さがあって、なかなか馬鹿にならぬものですが、ただいつまでもその段階にとどまっていい気になっていますと、大馬鹿に陥る危険が多いのです。

つまり批評知そのものが悪いというわけではありませんが、同時にそのままいい気になっていたんでは、人間も真の成長はしないわけです。

ところで、このような批評的、傍観的な態度を脱するには、人は何らかの意味で、苦労をする必要があるようです。そこでまた、真に人を教えるというには、自ら自己の欠点を除き得た人、あるいはむしろ常にわが欠点を除去しようと努力しつつある人にして、初めてできることでしょう。

――修身教授録

10月15日

自己を鍛える最上の場所

河水の濁りを清めるには、まず遡《さかのぼ》ってその源を清めるほかに途はありません。同様にわたくしどもも、自己を鍛える最上の場所は、結局は家庭のほかにはないでしょう。かくして家庭生活こそは、実に人間修養の根本道場というべきであります。もしこの趣が真に分かって、家庭におけるわが生活の根本的な立て直しの覚悟が決まったとしたら、もうそれだけでも、その人の態度の上に、一種の緊張が見られることでしょう。すなわちそこには、未だかつて見られなかったような凜乎《りんこ》たる人間的緊張と、それに伴うゆかしさがうかがえることでしょう。

――女性のための「修身教授録」

10月16日

あらゆる悩みの「因」

われわれ人間一切の悩みは、他との比較に起因するということであります。そしてとりわけ若い間は、優劣・賢愚・美醜・善悪に引かかって、その桎梏《しっこく》から脱しきれぬものですが、いつまでもこういう事に引かかっていないで、その齢ごろともなれば自分の進むべき一道を見出して、真の人生の歩みを始めたいものであります。これいわゆる相対を超えた無碍《むげ》の一道ともいうものなのでしょう。そして真に独創的な仕事というものは、こういう処から初めて生れるものでありまして、勝他本能にかかわりあっている間は、とうてい見出されるものではないと思われます。

――現代における孝の哲理

10月17日

真に強くなるには

柿の渋が転じて甘味となるように、人間もわが身の「業」を果たすことによって、しだいにそのあくが抜けていって、そこに人間としての味が出てくるのであります。そこで諸君は、現在諸君らの当面している色々な苦悩に対して、一つこの根本的な大道に立って、打《ぶ》つかって行ってごらんなさい。その時諸君らの修養は、はじめて真に第一歩が始まるわけであり、同時にまたそこには、諸君らの人生そのものの一歩が始まるといってよいでしょう。

人間は自分の苦しみや悩みの原因を、自分以外の者に塗りつけようとしている間は、どうしても落ちつかないものです。

それというのも、苦情の原因を人に塗りつけようとしても、人はなかなか受けとらないからであります。否、こちらが塗りつけようとすればするほど、相手は受け容れないものであります。そこでこちらは、いよいよいらつくというわけです。人間が真に強くなるには、一切を自業自得として受け容れる態度を確立することです。これは人生を生きる上で、最も大事な点です。

——続・修身教授録

10月18日

読書

肉体を養うために毎日の食事が欠かせないように、心を豊かに養う滋養分としての読書は、われわれにとって欠くことのできないものなのであります。ですから人間も読書をしなくなったら、いつしか心の栄養不足をきたすと見て差し支えないでしょう。

その反面、滋養の摂り過ぎにも問題があるわけですが、こういう人も所謂《いわゆる》読書家といわれる人々の中にもあるわけで、これは真の実践的エネルギーに繋《つな》がらない読書だからであります。真に実践に繋がらないとは、その人自身が真の自覚に達していないともいえるわけで、それは言い換えると、真の読書に透徹していないからともいえましょう。

——父親のための人間学

10月19日

いのちの宝庫

読書とは、われわれが心の感動を持続するための最もたやすい方法であります。したがって真の読書は、この現実界のもろもろの理法を明らかにするだけでなく、この二度とない人生を全的充実をもって生き貫くための力を与えられる「い、の、ちの宝庫」だともいえましょう。

——女人開眼抄

10月20日

進歩の三段階のプロセス

真の読書というものは、いわばその人がこれまで経験してきた人生体験の内容と、その意味を照らし出し統一する「光」といってもよいでしょう。それゆえ、せっかく深刻な人生経験をした人でも、もしその人が平生読書をしない人の場合には、その人生体験の意味を、十分に噛みしめることが出来ないわけです。

われわれ人間の読書の中心は、結局「自分」というものを、つねに内省できる人間になるということでしょう。それ故、わたくしたちは、平生読書を怠らぬことによってつねに自己に対する内観を深め、それによって真の正しい実践のできる人間になることが、何より肝要です。言いかえれば、読書、内観、そして実践という三段階は、われわれ人間が進歩し、深められてゆくプロセスといってもよいでしょう。

——女人開眼抄

10月21日

人生の峠路

諸君らの現在日々の生活は、そのまま諸君らにとっては、人生の旅路の一歩々々の歩みです。否、諸君らの一日々々は、この四十という人生の峠路へ近付きつつある一歩々々の歩みです。それどころか、実は諸君らの一日々々の歩みは、その一歩々々が、諸君らが四十歳の関所をいかに越えるかを決定しつつあるといってもよいのです。

なるほど現在諸君らの眼からは、人生の峠路とは遙《はる》かなる雲際に隠れて見えないでしょう。しかし諸君たちは、その欲すると欲せざるとかかわらず一日一日、否、一刻々々、この人生の峠路に向かって歩みつつあるのであり、否、只今も申すように、実はその一歩々々が、諸君らの方向を決定しつつあるわけです。

――修身教授録

10月22日

人生五十年の計

われわれ人間も、十年間一つの事柄を中心にして、息をもつかぬ努力を続けるならば、どんな仕事でも、一応は軌道に乗るといってよいでしょう。そしてそれをさらに十年頑張って続けますと、ついに不動の基礎ができるといってよいでしょう。しかもそれからさらに十年頑張り続けたなら、ほぼ所期の目的を達成することができるといえましょう。

今仮に最初の十年を二十代の十年間とすれば、次は三十代の十年であり、そして最後の十年は四十代の十年間ということになりましょうから、このようにして正味三十年間の努力を継続するとしたら、わたくしが先に述べたような事柄（自分の家を建てるとか会社をつくって社長になるというような、その人その人が若い日に心に描いたこと）も、それぞれ実を結ぶといってよいでしょう。

さらにそこから五十代の十年を頑ばり続け、さらには六十代になっても、なおその努力を継続するとしたら、そういう人は、たとえその名は世間的には、一向知られなくても、少なくとも、わたくしのような人間の眼から見ましたら、一種無名の小英雄とさえいいたいほどであります。

——人生二度なし

10月23日

一体となる

昨日「帝展」を観て感じたことであるが、どうも現在の画家は、有形に追われ過ぎて、無形の美を忘れている。主観の表現を忘れて、客観的な手法に囚われている。あの出品画のうち七、八割までが、ほとんど同じ手法で描かれている。しかもその手法たるや、こってりと塗ったものばかりで、雄勁《ゆうけい》な線の強さが見られない。画家の多くが、あれで満足しているとしたら、まことに歎《なげ》かわしいことである。

すべて一芸一能に身を入れるものは、その道に浸り切らねばならぬ。躰《からだ》中の全細胞が、画なら画、短歌なら短歌にむかって、同一方向に整列するほどでいなければなるまい。つまりわが躰の一切が画に融け込み、歌と一体にならねばならぬ。それには先ず師匠の心と一体になるでなければ、真の大成は期し難い。

——森信三訓言集

10月24日

片手間仕事

人間は片手間仕事をしてはならぬ。
やるからには生命を打込んでやらねばならぬ。

10月25日

「人間の生命」に値する生き方

この地球上には、人間以外にも無数に他の生き物がいるにもかかわらず、われわれはとくに「人間」としてこの世に生まれて来たわけですが、しかしそれは何らわたくしたちが努力したせいではありません。つまりわたくしたちは、自分として何ひとつこれという努力もしないのに、こうして一切の生き物のうちで、いちばん高い位置にある「人間」としての「生命」をあたえられたわけであります。

したがってわたくしたちは、どうしてもそれに値するような生き方をしなければならぬわけであります。大事なことは、この「人間」としてのわたくしたちの一生は、二度とやり直しの利かぬものだということであります。

――全世代に贈る新たなる「人間の学」

10月26日

人間として大事な二か条

人間として大事なことはたくさんあって、それらを一々あげ出したら、まったく際限のないことだといってもよいでしょう。ですから、それらを一々ならべるよりも、それらをギリギリの処までしぼって行って、最後に残るものは何かということをハッキリさせることのほうが、実さいにはより大事ではないかと思うのであります。

ではわれわれ人間として、色いろ大事なことがありながら、最後のギリギリ一つ手前のところまでしぼってゆくと、

（一）一たん決心した以上は、必ずやり抜く人間になるということ

（二）もう一つは、人に対し親切な人間になるということ

以上の二つだと思うのであります。

――全世代に贈る新たなる「人間の学」

10月27日

人生の幸福

そもそも「人生の幸福」とは一体いかなるものであるかということについて、わたくしの考えの要点を、箇条書きに申したいと思います。

（一）幸福とは、われわれ人間が為すべき事を為した時、いわば報償として与えられるものである

（二）幸福というものは自分から与えられるものではなくて与えられるものである

（三）幸福感の確実に与えられる途とは、感謝の念と、さらにそれに伴う奉仕行

（四）感謝の念とは、現在おかれている境遇が、自分の分に過ぎた忝《かたじけ》ないものであるという念《おも》い

——全世代に贈る新たなる「人間の学」

10月28日

表裏両面の調和

すべて物事というものは、表裏の両面があるのでありまして、この現実の世の中では、どこまでもただ積極主義の一本槍でゆくというわけには、ゆかない場合が少なくないのです。たとえば呼吸一つを例にとっても、吸い通しでもなければ、また吐き通しでもないわけです。要するに生活上の積極面と消極面との調和が大事なのです。そして人間の幸、不幸という問題も、必ずしも物の多少だけでは決まらぬということです。

そこで幸福になる重要な条件として、次の二ヵ条を加えたいと思います。
（一）もし幸福を希《ねが》うなら、絶対に自分を他と比べてはいけない
（二）われわれ人間は、最終的には、結局自分の現状に対して感謝する気持になれたら、はじめて真の幸福に浸ることができましょう

——全世代に贈る新たなる「人間の学」

10月
29
日

求道

求道とは、この二度とない人生を如何《いか》に生きるか——
という根本問題と取り組んで、つねにその回答を希求する人生態度と言ってよい。

——森信三一日一語

10月30日

求道の出発点

生身《なまみ》の師を持つことが、求道の真の出発点。

——森信三一日一語

10月31日

神の授け

苦しみや悲しみの多い人が、自分は神に愛されていると分った時、すでに本格的に人生の軌道に乗ったものといってよい。

――森信三一日一語

11月

1日 裸一貫の生涯
2日 人生の価値と意義
3日 心清らかなる人
4日 人間の真のねうち
5日 人間の気品
6日 人生は大マラソン
7日 脚下の実践
8日 俊敏
9日 神の目で見る
10日 真の達人
11日 読書の時期
12日 人生と読書
13日 実行の心がけ
14日 実践家と読書家
15日 最大の公案
16日 活殺自在にして
17日 独自の任務と使命
18日 真に偉大な人格
19日 自分の道を開くもの
20日 忘恩の徒
21日 師への最高の報恩
22日 師の屍を越えてゆく
23日 老木の趣
24日 黒板をキレイに
25日 時計を見ないで寝る
26日 寒暑を気にしない
27日 死は汝の側にあり
28日 真価を問われる時
29日 教育とは大事業
30日 生き方の秘訣

11月1日

裸一貫の生涯

人生というものは、かなり偉いと思われる人でも、何かもたれるものがあると、ついそれにもたれるようになるもんです。ところが何ものにももたれるもののない人間は違うんですね。何ものにももたれないで、本当の裸一貫で、自分の命の限りを出して生きてゆくほかないからです。

そして自分は一体どれほどの人間になれるか、どの程度の実力のある人間か、一つ生涯をかけて試してみよう——という気にもなるわけです。そして、このような態度で生きてゆく人の一生こそ、真にこの世に生まれた生甲斐のある人生だと思います。

——人生二度なし

11月2日

人生の価値と意義

仮にここに守口大根がつくられているとして、もしそれを粕漬《かすづけ》として売り出せば、他にはない名古屋名物となりますが、それをそうしないで煮て食べたとしたら、それは普通の大根ほどの値打もないことになってしまいます。

このようにすべての物事は、そのものの意味を認めることの深さに応じて、その価値は実現せられるのであります。一個の物でさえそうです。いわんや一人の人間の生命に至っては、なるほどその寿命としては一応限度がないわけではありませんが、しかもその意義に至っては、実に無限と言ってもよいでしょう。

こういうわけで、人生の価値というものは、その意義を認めることの深さに応じて現れてくるものであります。したがって人間の生涯を通じて実現せられる価値は、その人が人生における自分の使命の意義を、いかほど深く自覚して生きるか否かに比例するとも言えましょう。

――修身教授録

11月3日

心清らかなる人

　人は自分を反省しない場合は、他人が自分の悪口や陰口を言ったと聞けば、たちまちにして「どうも怪しからぬ」とむきになって反発し、それを素直に受け取ろうとはしないでしょう。そこでまた、いつか折りでもあったら、この仕返しをしてやらねば気が収まらぬともなるわけです。このように胸に一物が溶けずにいるわけですから、これを外から見ますと、どうしても不透明で濁った感じを与えるわけであります。かくして自らを正しいと許している人ほど、これをわきから見ますと、ご本人の考えとは反対に、濁った感じがするわけであります。

　この辺は、これまであなた方の考えておられたのとは、多少違ってはいないかと思うのであります。人間はその心が清らかでなければならぬということは、現在の自分の心を、そのまま清く正しいと許すことではなくて、むしろこれまで人並みに自分も、正しくて清らかだと許してきたわが心を、さらに一段と深く掘り下げて、そこにこれまで気づかなかったわが心の濁りを見出して行く態度こそ、やがて他人からこれを見る時、心清らかなる人といわれるゆえんでありましょう。

――女性のための「修身教授録」

11月4日

人間の真のねうち

そもそもわれわれ人間の真のねうちは、結局はその人の心の清らかさのほかないともいえましょう。いかに多くの富を蓄えても、またいかに大事業をしたとしても、さらにまたいかなる高位高官に昇ろうとも、人間の最後のねうちは、結局は心一つの問題といってよいでしょう。すなわち「心の清らかさ」という一事のほかないわけであります。

人間も若い間は、このようなことはなかなか分かりかねることでありますが、しかし年をとるとともに、次第にこの辺の道理が、単なる道理としてではなくて、生命の深い実感として、感じられるようになるものであります。実際人間の真価は、その人の肉体がこの地上からなくなってしまわないことには、本当のことは分からぬともいえましょう。この世に生きている間のことは、その人の社会的位置とか、また財産名誉などというものによって、その真価が遮《さえ》ぎられておりますが、ひとたびその人がこの世を去ってしまえば、後に残るのは、ただその人の真実心のみであります。すなわちまたその人の心の清らかさのほかないわけであります。

11月5日

人間の気品

そもそも人間の「気品」というものは、いわばその人の背後から射してくる後光みたいなものでありまして、それは結局その人が他人の見ていないところで、どれほど自己を慎むかどうか、その程度によって光の射し方が違ってくるわけであります。

つまり人間の「気品」とかゆかしさとかいうものは、その人が他人《ひと》知れぬところで慎む心の慎みの功徳が、いわば見えない光となって、射し出るようなものであります。現にゆかしいという言葉は、奥という字をつけて奥ゆかしいともいうでしょう。この場合奥というのは、底がはっきり見えぬということで、つまりその人が他人の知らぬところで慎むところから射す心の光というわけでしょう。

このように考えてきますと、人間の修養の深さは、人前と家との差が無くなることだ、といってもよいでしょう。つまり、時と場所とが変わっても、その人の根本の心構えが変わらぬということであります。さらに言い換えれば、場所のいかんによって、心に弛《ゆる》みが出ないということです。

——女性のための「修身教授録」

11月6日

人生は大マラソン

人生は唯一回の大マラソンである。
途中でくたばっては駄目。
そして「死」が決勝点だから、
「死」が見え出したらひた走りに突っ走らねばならぬ。
それゆえ偉人は四十頃からぼつぼつスピードをかけ出すが、
凡人は四十歳頃から早くも力を抜き出す。

11月7日

脚下の実践

人はそれぞれの年代に応じて真剣な生き方をして参りますと、七十歳代、八十歳代は、まことに自由闊達《かったつ》な境涯に恵まれて、真の生き甲斐ある人生が送れるのではないかと思われます。

人生の見通しを立てるとともに、いま一つ、日々の脚下の実践に全力を傾けることが大事でありまして、しかもそうした脚下の実践にどれほど真剣に取り組めるかどうかということこそ、その人の人生に対する徹見透察の如何《いかん》によるといってよいかと思われます。

——父親のための人間学

11月8日

俊敏

八十歳を境にして、私が実践面で第一に取り組むことにしたのは、日常生活におけるその挙止動作の〝俊敏さ〟です。

――致知（1985年11月号）

11月 9日

神の目で見る

私たちは常に神の目から見たら、
自分は何点くらいの人間かということを忘れぬようにしたいものです。
同様にまた神の目からごらんになられたら、
何点くらいの親かということを常に忘れんことが大切だと思います。

——真理は現実のただ中にあり

11月10日

真の達人

もし現在自己のおかれている境遇を
神の与え給うた処と心から考える人があったとしたら、
その人は人生を最上に生きつつある人生の真の達人といってよかろう。

——一期一会

11月11日

読書の時期

人は青少年期時代において、その時期に応わしい書物を潤沢に読まないと、壮年期の読書力が十分とはならず、随ってその欠損は、ひとり青少年期のみに留まらないで、壮年期にも及ぶわけであり、否それはさらに老年期の読書内容にも影響して、その内容を貧しからしめるとも言えるであろう。

――人生論としての読書論

11月12日

人生と読書

人生論と読書論とは、元来切りはなし得ないものであるのに、これまでのところでは、この根本の点がとかく明確にされないままで来たきらいがあるようである。

即ちいやしくも真摯《しんし》にこの人生を生きようとする以上、われわれはどうしても書物を読まねばならぬが、しかも真の読書をするには、どうしたらこの二度とない人生を真剣に生きられるかという人生観的な希求が、つねにその根本に働いていなければならぬからである。

即ちそこには、われわれの生命が、人生と読書という二つの中心をめぐって、生命の無限なる循環として、生命の円運動を起こすべきだからとも言えるであろう。

――人生論としての読書論

11月13日

実行の心がけ

読書は、いわば鉄砲で的をねらうようなものです。しかしいかに狙いは定めても、引金を引かない限り、一向恐ろしくないでしょう。引金を引くとは、実行ということです。そこでどんなに本を読んでも、実行の心がけのないような人間は、恐れるに足りないのです。

諸君は読書の一道に徹して、自分の天地を開かねばならぬ。そして読書と実行にかけては、何人にも負けないという気魄《きはく》が必要です。

人間は、どの下り道をとるかということは、山巓《さんてん》に立って初めて分かるものです。諸君らに、私のこの言葉が何を意味するか分かりますか。むろん今は分からんでしょうが、もし諸君らにして、今後二十年精進を怠らなかったら、必ずや分かる時が来ましょう。

われわれ凡人には、いかに優れた方でも、まず十年くらい私淑しないことには、その方の真のお偉らさを知ることはできないようです。その人を真に知るとは、その方の現在わが国における位置を知るのみならず、さらに一歩をすすめて、その方の歴史的位置を知ることです。ここまで来なければ、真にその人を知ったとは言えないでしょう。

――修身教授録

11月14日

実践家と読書家

「偉大な実践家は、大なる読書家である」という言葉の意味の分からぬ程度の人間では、とうてい問題にはならないわけです。もちろん学者と実践家とでは、同じく書物を読むにしても、その読み方は違いましょう。学者は学者としての職責上、細部にわたる研究もしなければなりませんが、実践家の読書は、大観の見識を養うための活読、心読であって、その点、実践家の読書の方が自在だとも言えましょう。

そこで今諸君らが、将来ひとかどの人間になろうとしたら、単に学校の教科書だけを勉強していて、それで事すむような姑息《こそく》低調な考えでいてはいけないと思うのです。もちろん学校の教科は、基礎的知識として、いわば土台固めのようなものですから、決してこれを軽んずることはできませんが、同時にまた単に教科書の勉強だけで事足りると考える程度では、ちょうど土台だけつくって、その上に家を建てることを知らないような愚かさだともいえましょう。

そもそも学校で教わる教科というものは、只今も申すように土台程度のものでしかないのです。もちろん土台は深くしてかつ堅固でなければならぬことは、言うまでもありませんが、同時にその人の特色というものは、むしろその人が自らすすんで積極的に研究したものによって、初めて出てくるものであります。

――修身教授録

11月15日

最大の公案

自ら教科書を編集し得るの力あるにあらざれば、授業は真に徹底せず。借り物で相手を鍛えようとは虫のよき話なり。かくして教科書を持ちながら、如何にしてこれをわが編集の書とするかが、教師に課せられた最大の公案というべし。

――下学雑話

11月16日

活殺自在にして

自ら教科書を編むくらいの実力があって、初めて真の教授は可能なり。少なくとも与えられた教科書を向うへぶち抜けて、活殺自在なるべし。

――下学雑話

11月17日

独自の任務と使命

総じてわれわれ人間の個人的生命は、これを国家民族の上から眺めたならば、まことに微々言うに足りないものであります。しかもこの自分という小さな一つの石でも、ひとたびそれが国家民族という大いなる城廓の一構成分子として考えられた場合には、必ずしも全然無意味な存在とは言えないわけであります。すなわち、そこには、国家民族に対して、他の何人にも委せられない唯一独特の任務と使命があるはずであります。

ですから、私は常に思うのです。人間もこの自分という一微小存在すら、国家全体に対しては、代理人のない一個独自の任務の存することを自覚するに至って、初めてわれわれの真の人生は始まるわけだと。

かくして世に職業の種類は多いが、しかし真に国家の前途を憂える仕事は、国民教育の外ないと言えましょう。しかるに現実としては、われわれ国民教育者のうちに、日夜にこのことを憂えて、その人の誠心が、周囲の人々の心を揺り動かし、一つの力となって動きつつあるほどの人が、果たしていかほどあると言えるでしょうか。

11月18日

真に偉大な人格

もしその人にして真に偉大だったとしたら、その人は必ず偉大な信念の所有者であり、そして偉大な信念に基づく言行は、必ず何らかの形態において、死後に残るはずであります。

かくして真に偉大な人格は、これに接した人々が、直接眼のあたりその人に接していた時よりも、むしろその膝下を去って、初めてその偉大さに気付くものであります。金剛山の高さは、山の中にいる時よりも、これを遠ざかって石川河畔に立ち、さらには河内平野に立つ時、いよいよその偉容を加えて来るのであります。

人間もまた同様であって、その人の肉体はすでに没して、再びその面貌にまみゆる能わざるに至って、その偉容はいよいよその大を加えて来るものであります。その時その人が偉大なる実践家として、たとえ一字の文字をも書き残して置かなかったとしても、その人の教えを受けた門弟子たちは、生前その心に刻まれた不滅の言葉を、自分一人の胸中に秘めておくに忍びず、またこれを単に自分ら一部同門の人々の間に秘しておくに忍びず、これを結集して、もって天下にその教訓の偉大さを宣布せずにはいられないでありましょう。

——修身教授録

11月19日

自分の道を開くもの

為政者としても真の為政者は、自己の努力が在職中にその全部の結実を見ることを念とせず、必ずや後に来る為政者に、自己の努力の収穫をゆずる程度の雅量と識見とがなければ、真に永遠の大計は樹てられないでありましょう。

かくして諸君らは、真に自分の道を開くものは、自己自身でなくてはならぬということを、今日から深く覚悟しなくてはならぬと思うのです。道を歩むにはどこまでもわが足をもって自から歩むの外ないように、いやしくも人間たる以上、自分の道は常に自己一人の力によって開かなければならぬのです。

が同時にまた、闇夜に燈火なくして、手探り足さぐりでは歩かれないように、人生の行路においても、なるほど歩むのは、あくまで自己一人の力による外ないのではありますが、しかし同時にそこには、何らかの意味で、自己の行手を照らす光を要するでありましょう。

――修身教授録

11月20日

忘恩の徒

およそ人間というものは、できるかできないかは、生涯を賭けてやってみなければ分かるものではないのです。ですから、できるかできないかは、一生の最後に至って初めて分かるわけです。しかるにどうです。未だ一歩も踏み出さないうちから、「自分にはとても駄目だ」などと言って投げ出すに至っては、実に意気地のない限りではありませんか。否、このような態度は、自己に与えられたこの生命の尊さに気付かない者の言葉であり、それはある意味からは、忘恩の徒とさえ言えるでしょう。

——修身教授録

11月21日

師への最高の報恩

もし諸君らにして現在の若さで、真に人生を大観して進まれたならば、私くらいの年齢に達するころには、諸君たちは今日私の立っている地点を、遙かに越えて進まれることでしょう。また実にそうなくてはならぬのです。

けだし師に対する最高の報恩は、まさに師を越える一路の外にないからです。その意味において私は、喜んで諸君らのために身を一個の踏石として横たえることを辞する者ではありません。

人生はしばしば申すように、二度と再び繰り返し得ないものであります。したがってまた死・生の悟りと言っても、結局はこの許された地上の生活を、真に徹して生きるということの外ないでしょう。いかなる宗教、またいかなる哲学も、その最終の帰結は、ついにこの一点の外ないでありましょう。

——修身教授録

11月22日

師の屍を越えてゆく

偉人を仰ぐことは易々《いい》たることであるが、
偉人に肉迫し偉人を超出することは誠に稀世《きせい》の事柄である。
師の屍《しかばね》を越えてゆくことこそ、真に師を尊敬するゆえんである。

——森信三訓言集

11月23日

老木の趣

私は老木を見ていますと、その枝の一つひとつが、いかに多くの風雪にたえて来たかということを、しみじみと感ぜしめられるのであります。いやしくも老木といわれる以上は、ただ木が大きいというだけではなくて、そこに一種いいがたい気品とも言うべき趣がなくてはなりません。そしてその趣は、風雪によって鍛えられて、いわばその生なところがことごとく削りとられて、残すところがなくなったものであります。それ故植物でありながら、永年の風雪の鍛錬によって、そこには一種精神的ともいうべき気品が現れて来るのであります。

このようなことは、またわれわれ人間の世界についても言えるようであります。すなわち一人の優れた人格と言うものは、決して生優しいことでできるものではありません。その人が、現実生活においてなめた苦悩の一つひとつが、その人を鍛えて、その人から生なところを削りとっていくわけです。すなわち生活の鍛錬が、その人からすべて甘さを削り取っていくわけです。

――修身教授録

11月24日

黒板をキレイに

わたくしが努力したことは、何かというに、それは黒板をキレイに拭いたくらいのことであろう。それというのも黒板というものは、教師は背にしている故、さほどにも感じないが学生のほうはイヤが応でも見せつけられるものゆえ、黒板をつねにキレイに保つということは、ある意味では、教師として最大の義務といってもよいからである。それ故わたくしは、教室へのぞめば、最初にまず黒板をキレイに拭き上げて、それまでは一切講義を始めず、また授業の終りには、必ず黒板をキレイに拭くようにしたものである。

そしてこの方は紙屑と違って、現在ただちに実行を要請するわけではないので、時には「どうです。こうして黒板というものはキレイにしておくと、見る人の心を清める効果があるでしょう」などと、一種のタネ蒔《ま》きのつもりで言ったりしたものである。

だがその何パーセントが、現在それらの卒業生によって守られているであろうか。自信のほどは毛頭ないというのも、教育というものは、もともとそうした果ないものなのである。

――森信三全集 第二十五巻「自伝」

11月25日

時計を見ないで寝る

私は、夜遅くなったなと思うと、なるべく時計を見ないで寝ることにしています。でないと朝起きてから、「昨夜は何時間しか寝ていないんだから——」と、つい睡眠不足が気になって、余計に疲れるからです。つまり、われわれは時計を見て、人間はどうしても、八時間寝なければいけないように思っているのです。しかし睡眠も、いたずらに長いばかりが能ではなくて、深い眠りなら八時間眠らなくてもよいのです。

とにかく人間は徹底しなければ駄目です。もし徹底することができなければ、普通の人間です。とにかく人生は二度ないのですから、諸君らもしっかりやるのですネ。

——修身教授録

11月26日

寒暑を気にしない

これからしだいに冬に入りますが、諸君はなるべく「寒い」という言葉を使わないように――。われわれ人間も、この「暑い」「寒い」ということを言わなくなったら、おそらくそれだけでも、まず同じ職域内では、一流の人間になれると言ってよいでしょう。

つまり諸君らの場合も、もしこの「暑い」「寒い」という言葉を、徹底的に言わなくなったとしたら、もうそれだけでも、小学校の教師としては、その点で、まず一流の人物と言えましょう。私の申すことが、うそかほんとうか、もしほんとうらしいと信じられたら、マア一つやってごらんなさい。信じられない人は致し方ないですが、信じられる人は、生涯をかけてやってみることです。

――修身教授録

11月27日

死は汝の側にあり

欲の最大なるものは生命の欲である。

これを超越することが出来たら、自余一切の欲望をうち越えることが出来る。

生命の欲を越えるとは、常に「何時死ぬかも知れぬ」と覚悟していることである。

「死は汝《なんじ》の側にあり」で、われわれは生命のある中に、ひたすら道を修行せねばならぬ。

人間は死を覚悟して初めて腰が決まるんですよ。

——森信三訓言集

11月28日

真価を問われる時

人は退職後の生き方こそ、その人の真価だといってよい。
退職後は、在職中の三倍ないし五倍の緊張をもって、
晩年の人生と取り組まねばならぬ。

——森信三一日一語

11月
29日

教育とは大事業

「石も叫ばん」という時代ですよ。

いつまで甘え心を捨てえないのですか。

この二度とない人生を、いったいどのように生きようというのですか。

教師を志すほどの者が、自分一箇の人生観、世界観を持たなくてどうするのです。眼《まなこ》は広く世界史の流れをとらえながら、しかも足元の紙屑を拾うという実践をおろそかにしてはなりませんぞ。

教育とは、流れる水に文字を書くようなはかない仕事なのです。しかし、それをあたかも岩壁にのみで刻みつけるほどの真剣さで取り組まねばならないのです。

教師がおのれ自身、あかあかと生命の火を燃やさずして、どうして生徒の心に点火できますか。

教育とはそれほど厳粛で崇高な仕事なのです。民族の文化を魂を受け継ぎ、伝えていく大事業なのです。

——森信三小伝

11月30日

生き方の秘訣

人間は自己に与えられた条件をギリギリまで生かすという事が、人生の生き方の最大最深の秘訣。

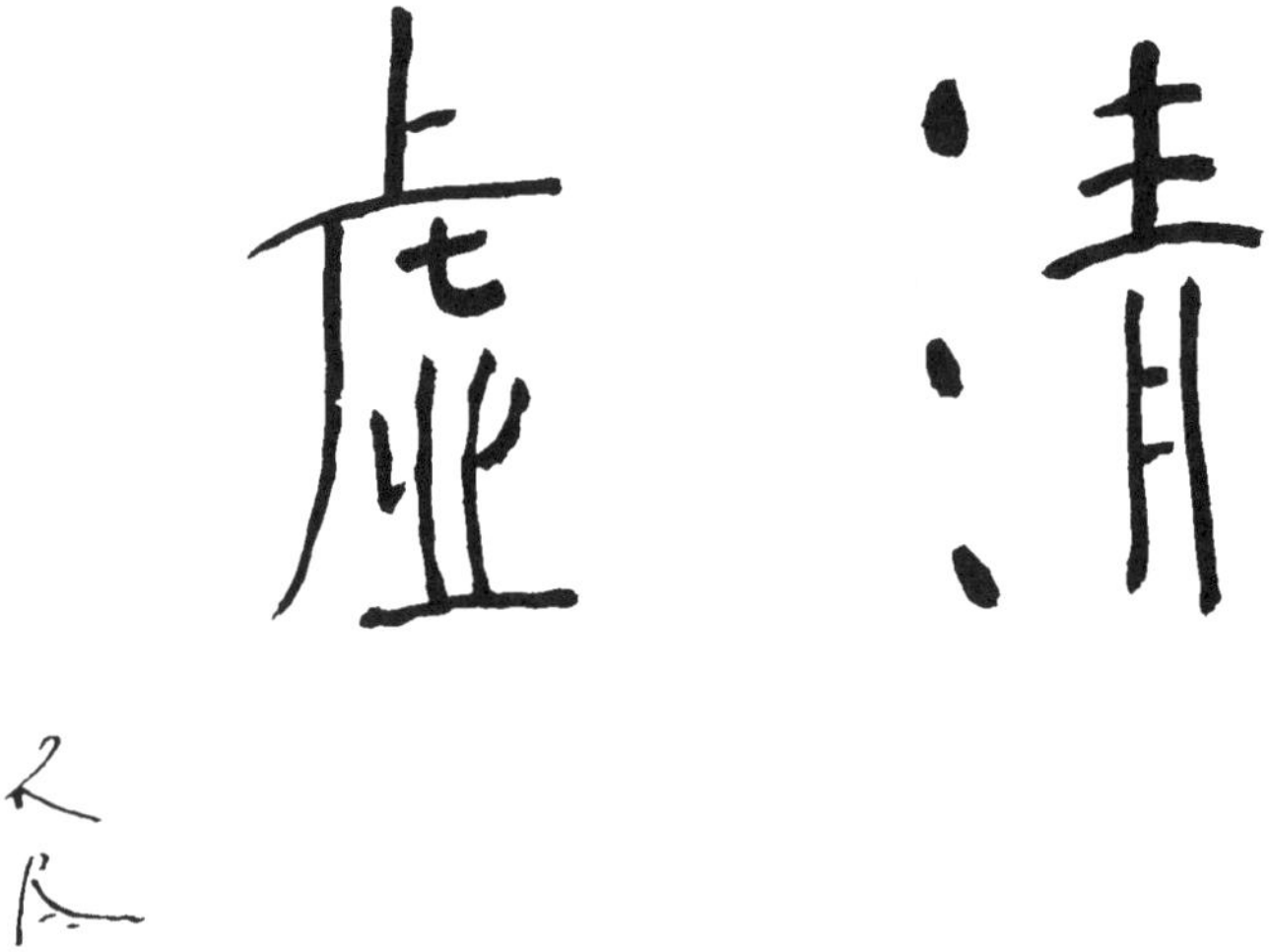

清虚

12月

1日　人生の晩年
2日　人生の深さ
3日　人生の秘訣
4日　ネウチ
5日　和顔と愛語
6日　学問の到達点
7日　弾力
8日　若い人から学ぶ
9日　真の「誠」への歩み①
10日　真の「誠」への歩み②
11日　人生の総決算
12日　念々死を覚悟する
13日　死生観
14日　生死一如
15日　久遠の希望
16日　負けるが勝ち
17日　われらの心臓
18日　運命
19日　唯一独自の任務
20日　分の自覚
21日　仕事成就の要諦
22日　最後の勝利者
23日　人生を見通す見識
24日　自らの生命を捧げる
25日　人を植える道
26日　真の教育の理想
27日　第二の誕生
28日　精神的誕生
29日　心の置土産①
30日　心の置土産②
31日　楽天知命

12月1日

人生の晩年

われわれは、人生の晩年に近づいたならば、青壮年の時代以上に、はるかに心を引きしめて、人生の晩年の修養に努めねばならぬであろう。

そしてそれは、もはや一家の生計を支える主責任の地位から解放せられている以上、自分さえそのつもりになれば、さまで困難ではないはずである。

かくして人生の晩年にさしかかったならば、われわれは人間としての生き方の上についても、最後の仕上げと取り組む心がけが必要と思うのである。

――若き友への人生論

12月2日

人生の深さ

人生を深く生きるということは、自分の苦しみ、すなわち色々な不平や不満煩悶などを、ぐっと噛みしめて行くことによって、始めのうちは、こんな不幸な目に出合うのは自分だけだと思い、そこでそのことに関連のある人々に対して、怒りや怨みごころを抱いていたが、しだいにそうした苦悩を噛みしめていくことによって、かような悩みや苦しみを持っているのは、決して自分一人ではないということが分かり出して来るのです。

そして広い世間には、自分と同じような苦しみに悩んでいる人が、いかに多いかということがしだいに分かり出して来て、さらに、それらの人々の悩みや苦しみに比べれば、自分の現在の悩みや苦しみの如きは、それほど大したものでもなかったということが分かり出して来るのです。

かように、自分の悩みや苦しみを噛みしめていくことによって、周囲の人々、さらにはこの広い世間には、いかほど多くの人々が、どれほど深い悩みや苦しみをなめているかということに思い至るわけです。私には、人生を深く生きると言うても、実はこの外にないと思うのです。

したがって人生を生きることの深さは、実は人生を知ることの深さであり、人生を内面的に洞察することの深さと申してもよいでしょう。

——修身教授録

12月3日

人生の秘訣

電車などに乗った際、かりに途中で何か事が起こり、七、八割の乗客が立ち上がって、窓から外をのぞくような場合にも、じっと坐っていられるような人間でなければ、大事は出来ません。もう一つの例を申せば、橋の下に何かの事故があって、黒山を築くほどの人だかりがしていても、それには見向きもしないで、平気でスタスタとその橋が渡れるようでなければ、大事は出来ません。こういうことは、何でもないことのようでありながら、実は「人生の秘訣」といってよいのです。前に申すような事柄に、動かされるような人間は、かれこれいってみたとて、結局、真の頼みにはなりません。

人間は百人の中九十九人、否千人中九百九十九人までが引きずられても、自分一人は引きずられぬという処がなくては大事は出来ません。つまりそれでなくては、百人中九十九人、否千人中九百九十九人までの人間のやらないことを、われ一人進んでやってのけるという、真の力は出ようがないのです。

12月4日

ネウチ

隠岐の「学聖」と言われた永海佐一郎先生という方は、「人間の真のネウチはどこにあるか」という問題について、次のような定式を立てておられます。

仕事への熱心さ×心のキレイさ＝人間の価値

したがって先生の眼から見られると、自分の職務に対して不十分な大臣より、職務に忠実な小学校の用務員のほうが、人間の真のネウチは上位にあるというお考えなのであります。わたくしは、その明確さに対して、心から敬意と讃歎《さんたん》の念を禁じ得ないのですが、ただわれわれ凡人としては、少し基準をゆるめて、「キレイな心」の代わりに「暖かい心」ということにして頂けたらと思うのです。

——女人開眼抄

12月5日

和顔と愛語

「われわれ人間は、いやしくもこの地上に不幸の人が存在する以上、自分の幸福に対して、どこか相すまぬという気持ちを忘れぬこと」だと思うのである。同時にかくは考えても、この地上の人類のすべてを一人残らず幸福にするということは、現実としては到底実現不可能という外ないであろう。

それ故われわれとしては、そうした思いは心中ふかく抱きながらも、その日常の実践としては、日々自分が直接に接する人々に対して、自己に可能な範囲において、親切を尽くすという外ないであろう。即ちその想念においては、地上に一人でも不幸な人間のある限り、われわれは自己の幸福感に浸り切ることは許されぬといわねばならぬが、しかもこうした願いを心中ふかく抱きつつも、他面その日常の実践としては、日々自分が直接に接する範囲の人々に対しては、その可能な範囲において、親切を尽くすべきであろう。

そしてその親切というには、さし当っては古人もいったように、まず「和顔と愛語」から始めるがよいであろう。実際この「和顔と愛語」とは、一文の資金をも要しないにも拘《かかわ》らず、われわれ人間社会生活をいかに明るくするかは人々の予想以上に広大な力をもつというべきであろう。

かくして以上の帰結は、おそらくはかのキリストが「汝《なんじ》の隣人を愛せよ」といった真理の現代における領受といいうるかとも思うのである。即ちわたくしには、キリストが「汝ら広く人類を愛せよ」といわないで、その日々接触する「汝の隣人を愛せよ」といわれた処に、真に心から頭の下る思いがするのである。

――若き友への人生論

12月6日

学問の到達点

真の学問というものは、単に頭で覚えるだけではなくて、心にこれを思って忘れず、常にこれを行うことであります。否ひとりそれのみに留まらず、常にこれを行うことによって、ついには生まれつきの生地や性根までも、これを根こそぎ改変するところまでゆくようでなければ、真に学問をしたとはいえないでありましょう。

——女性のための「修身教授録」

12月7日

弾力

肉体の弾力は年と共に衰えるも、精神の弾力は、怠らざれば年と共に増大す。

同時に若き人々に対しては、たとい好ましからざることにても、相手の気持ちを察した上で、適宜処置すべきなり。

「吾々の若い頃は」とか「今時の若い者は」等と言うは、その人自身が、すでにその停滞凝固を示す何よりの証左というべし。

——下学雑話

12月 8日

若い人から学ぶ

同僚や先輩の中で、本当の生き方をしている人から謙虚に学ぶということです。そして常に相談しては、その人の指導助言を受けるようにするんです。コップの中に古い水が入っていたら、ブドウ酒を注ぐわけにはいかんでしょう。それらをあけてしまわなけりゃブドウ酒は注げない。自分の心にある古いものを空けて心をからっぽにすることを「謙虚」というんです。自分がこれまで持っていたものを捨てて、無にしてしまうんです。それは人間は謙虚にならなければ、真理は学べないからです。私がこの年齢になっても、まだ日々学びつつあるのはそのお陰です。

それというのが、私くらいの年齢になりますと、自分より若い人から学ぶことが決定的に大切な心がけになるからです。もっというと、私がかつて教えた人とか、また現在私の書物を読んだり、私の読書会に出てきているような人から、逆に学んでいるわけです。ということは、それらの人々のやっている仕事から学ぶのです。こうして人間もある年齢を過ぎたら、若い人から学ぶようにしないとだめになります。若い人に学ぶようにならんと、もうその人の人生はとまるわけです。

——真理は現実のただ中にあり

12月9日

真の「誠」への歩み①

真の「誠」は、何よりもまず己のつとめに打ち込むところから始まると言ってよいでしょう。

すなわち誠に至る出発点は、何よりもまず自分の仕事に打込むということでしょう。

総じて自己の務めに対して、自己の一切を傾け尽くしてこれに当たる。

すなわち、もうこれ以上は尽くしようがないというところを、なおもそこに不足を覚えて、さらに一段と自己を投げ出していく。

これが真の誠への歩みというものでしょう。

――修身教授録

12月10日

真の「誠」への歩み②

真の誠への歩みは、またこれを「全充実の生活」と言ってもよいわけです。古来、誠ほど強いものはないと言われるのも、要するにこの故でしょう。諸君らもご承知のように、松陰先生は「至誠にして動かざるものは未だこれあらざるなり」とおっしゃっていられますが、諸君らはこれを只事と思ってはならぬのです。自分のすべてを投げ出していく必死の歩みなればこそ、誠は真の力となるのです。

この趣が分からないで、何らの反省もない独りよがりな自分の独善的態度をもって、誠と考えている程度では、松陰先生のこのお言葉の真の趣など、とうてい分かりっこないでしょう。同じく水面に石を落すにしても、石をドボンと落したんでは、波紋はほとんど拡がりませんが、もし大きな波紋を描こうとしたら、力の限り石を水面に投げつけねばならぬでしょう。

同様に人間の誠も、いい加減に構えているような無力な生活態度ではなくて、真の全力的な生命がけの生活でなくてはならぬのです。否、全力的な生活などということさえ、なお生温《なまぬる》いのです。真の誠は、このわが身、わが心の一切を捧げ切る常住捨て身の生活以外の何物でもないのです。

12月11日

人生の総決算

死は人生の総決算である。
肉体が朽ち果てた後尚《なお》残るものは、
肉体が動いている間に為した真実のみである。
即ち不滅なるものを印してゆくのは、
肉体の動いている間だけである。
大死一番とはここの処を悟ることである。

――森信三訓言集

12月12日

念々死を覚悟する

思えば人間の最終点たる「死」こそは、万人共通の絶対的事実を申してよいのに、われわれ人間は、ともすればそれを忘れてついウカウカと日を過ごしているのが、われわれ人間の実相であります。

わたくしはいつも譬《たと》えをもって申すのですが、死の絶壁にボールを投げて、その跳ね返る弾力を根源的エネルギーにして、われわれは生き抜かねばならぬのであります。これを一語につづめて申しますと「念々死を覚悟してはじめて真の〝生〟となる」ということでありまして、これがわたくしの宗教観の根本信条なのであります。

こんなことを申しますと、人様は奇異の感をもって受け取られるでしょうが、真の宗教的な世界も結局はこの根本信条より発する無碍光《むげこう》に照らされた人生の如実実相と申してよいでしょう。そしてそれはまた換言すれば、わたくしどもに与えられたこの有限的生をいかに燃焼し尽くすか――これが人間のあるべき根本的態度と申せましょう。そしてこれこそが真の宗教信なのでありましょう。ですからこのような認識の徹底なくしては、真の宗教的な生き方はあり得ないわけであります。

――父親のための人間学

12月13日

死生観

わたくしの死生観は、これを突きつめれば、結局は生・死不二、死・生一貫という処に帰着するのでありますが、しかしここに一つの注意すべき事柄は、なるほど人間の真実は、確かにその人の生死を貫いて不滅といえますが、しかもそのような真実心はその人が肉体を持っている間しか、現実には発し得ないということであります。即ちひと度この現実界に刻まれた人間の真実心は、たとえその人の肉体は朽ち果てるとも、あくまで消え失せないわけですが、しかも真実そのものが刻まれるには、どうしても肉体のある間でなくては不可能だということであります。

即ち如何なる精神的偉人といえども、一たびその呼吸の根がとまったならば、もはや一言の真実語すら吐くことは出来ないのであります。してみれば、われわれにとって最も大切なのは、この肉体のある間即ちこの地上に呼吸する間であって、ひとたび死すれば、いかなる精神的偉人といえども、もはや寸毫《すんごう》も附け加えることは出来ないのであります。否、偉人といわれる人々ほど、この道理を深く会得して、その日々の生活をおろそかにしなかった人々といってよいでしょう。

12月14日

生死一如

われわれは、自己の生に徹することによって生を超えると共に、そこにおのずから死をも超える道が開かれてくるのであります。かくして人生を真に徹して生きる人には、生死はついに一貫となり、さらには一如ともなるわけであります。

すなわちその時、死生はついに別物ではなくなるのであります。すなわちそこには、自分の使命に生き切ったということに対する無限の喜びが、死に対する恐怖を感じさせなくなるわけです。そしてこの点は、たとえば鉄道における一つの任務を守って、職に殉ずるような場合はもちろんですが、あるいはまた学者などでも、その生涯を貫いて、最後の「血」の一滴までも、自分の使命とするところに捧げ切るような場合にも当てはまると言えましょう。

かくして人間は、真に生き切った時、そこには何ら心残りはないはずです。なるほどそれは、一面からは悲壮の極みとも言えましょうが、同時にそれは、また人間の生き方として最高の燃焼度に達した生き方でもあるわけです。

——修身教授録

12月15日

久遠の希望

諸君らの中には、「どんなに努力したって、この世に心残りがないというわけにはいかないだろう」と思う人もありましょう。確かにそれも一面の真理だとは思います。しかしまた他の一面、人は生前、自分の全力を出し切って生きれば、死に臨んでも、「まああれだけやったんだから、まずこの辺で満足する外あるまい」という心にもなろうかと思うのです。

それはちょうど、終日働き通して予定を完了した人は、快よく疲れて、何ら思い残すことなく眠りにつくにも似た心境かとも思うのです。そしてこれは、自己の全生命を挙げて生き抜いた人にして、初めて分かる消息であって、単に頭の中で、かれこれと考えた程度で分かることではないでしょう。すなわち生涯を一道に徹して生きた人にのみ恵まれる永遠の安らぎであり、久遠の希望と言うべきでありましょう。

――修身教授録

12月16日

負けるが勝ち

相手に花を持たせて、しかも毫《ごう》も恩着せがましき素振りを見せず。
負けることの妙味此処にあり。
この世は負けるが勝。

――下学雑話

12月17日

われらの心臓

「生」の刻々の瞬間から「死」の一瞬にいたるまで、
われらの心臓と呼吸は瞬時といえども留まらない。
これは「ありがたい」という程度のコトバで尽せることではない。
「もったいない」と言っても「忝《かたじけな》い」といってもまだ足りない。

――森信三一日一語

12月18日

運命

すべて我々は、自分のたどった運命を、あるがままに感謝することが大切です。

これが自己にとって最善だとして、安んじて努力することが肝要です。

この道理を理屈としてでなく、実感として味わえば、それだけでも実に大したものです。

――森信三訓言集

12月19日

唯一独自の任務

諸君らと全然同じ人間は、九千万同胞の中にもただ一人もないわけです。してみれば、諸君たちが日本の国家社会に対して持つべき分担も、それぞれ唯一独自の受け持ちがあるはずであります。

たとえば諸君らが、近い将来において一学級の担任教師となった場合、諸君らの受け持つ学級は、諸君らが受け持っている限り、天下何人もこれを受け持つことはできないのです。たとえ文部大臣といえども、文部大臣の地位にとどまる限り、断じて諸君の学級の担任者にはなれないのです。すなわち九千万の同胞のうち、諸君以外に諸君の学級を教える人はないのです。

かくの如く天下の何人にも侵されず、また何人にも委せられないものを、一学級の担任として各自が授けられているわけです。もちろんこれは、道理としては田畑をたがやす農夫も、また工場に働く職工もみな同様であります。すなわち万人いずれも唯一無二、何人にも委せられない唯一独自の任務に服しているわけですが、只それに対する十分な自覚がないために、生涯をかけてその一道に徹し、もって国家社会のお役にたつほどの貢献がしがたいのです。

――修身教授録

12月20日

分の自覚

天上天下唯我独尊とは、自己の唯一性の謂いなり。

即ちまた真に自己の、分を知るの謂いなり。

自己の分担には、何人も一歩たりとも踏み込ませぬというは、これ自信の極、自己の分以外へは、一歩も踏み出さぬというは、これ謙虚の極。

そして「分の自覚」とは、この両面の如実統一を言えるものにして、天上天下唯我独尊とは、これをその積極面より言えるものなり。

——下学雑話

12月21日

仕事成就の要諦

最後の目標たる山頂は、眼前すれすれの所に近付いていていながら、しかも身心ともに疲れはてて、いたずらに気ばかりあせっても、仕事の進みはすこぶるのろいのです。つまり油はほとんど出し切って、もはやエネルギーの一滴さえも残っていないという中から、この時金輪際の大勇猛心を奮い起こして、一滴また一滴と、全身に残っているエネルギーをしぼり出して、たとえば、もはや足のきかなくなった人間が、手だけで這《は》うようにして、目の前に見える最後の目標に向かって、にじりにじって近寄っていくのです。これがねばりというものの持つ独特の特色でしょう。

そこで私は、このねばりというものこそ、仕事を完成させるための最後の秘訣であり、同時にまたある意味では、人間としての価値も、最後の土壇場において、このねばりが出るか否かによって、決まると言ってもよいと思うほどです。

すなわち百人中九十七、八人までが投げ出すとき、ただ一人粘りにねばりぬく力こそ、ついに最後の勝利を占める、最も男性的な精神力と言うてもよいでしょう。

――修身教授録

12月22日

最後の勝利者

多少能力は劣っていても、
真剣な人間の方が最後の勝利者となるようです。

12月23日

人生を見通す見識

諸君らが真に人生の意義に目覚めて、この国家未曽有のときに際し、自分の生命の意義に徹して、自らの進むべき道を雄々しく踏み出すとしたら、もはや私という人間は、諸君らにとっては無用な人間となるわけです。また実にそのような日の、一日も早からんことを希望するしだいです。

しかしながら、翻って現実を顧みれば、われわれが真に志を立てるということは、決して容易なことではないと思うのです。すなわち真に志を立てるということは、この二度とない人生をいかに生きるかという、生涯の根本方向を洞察する見識、並びにそれを実現する上に生ずる一切の困難に打ち克つ大決心を打ち立てる覚悟がなくてはならぬのです。

もし立志の真の意味が、かくのごときものだとしたら、われわれは、真に志を立てるためには、どうしても人生を見通すような、大きな見識が必要だと思うのです。

――修身教授録

12月24日

自らの生命を捧げる

とにかくに諸君‼　たびたび申すように、この人生は二度と繰り返し得ないものであります。現在の私には、生命のこの根本事実に徹しない限り、たとえ国家民族のためにと言うても、真に力あるものとは思われないのです。

諸君‼　国のために自己の一切を捧げるということは、決して容易のことでないことを知らねばなりません。国家といい、民族というのは、単なる言葉ではありません。否、それどころか実にわが生命の根源であって、お互いに自己の生命の底に徹する時、初めてそこに開かれてくるのでない限り、わが生命の真の根源としての国家民族ではありません。

諸君‼　言挙げすることは、いともたやすいことですが、しかし真にわが生命の根源を把握することは、決して容易なことではありません。けだし真に生命を捉えるには、自らの生命に徹する外ないからであります。否、わが生命の根源に触れんがためには、その一分身としての私達は、文字通り自らの生命を捧げなければならないでありましょう。

――修身教授録

12月25日

人を植える道

教育ということは、これを言い換えると「人を植える道」と言うこともできましょう。すなわち一人の人間を真に教育するということは、たとえば一本、一本木を植えるようなものであって、たとえ植えた当の本人たる教師自身は亡くなっても、もしその木が真に生えついていたならば、木はどこまでもその生長をやめないでしょう。

同様に真の教育者は、その人の内面より発する心の光の照らす限り、至るところに人材が林のように生い育っていくようでなくてはならぬでしょう。

――修身教授録

12月26日

真の教育の理想

真の教育とは、人材を植え付けることによって、この現実の世界を改革しようとするたくましい意力を、その根本動力とするものでなくてはならぬはずです。

一人の偉大な教師の存在によって、二十年、三十年、否、時には四、五十年の後に、その地方が根本から立ち直って、そこに新たなる民風が起こるというでなければならぬでしょう。その時、その種子をまき、苗を育てた教育者の肉体は、すでにこの地上にはないでしょう。しかもその精神は、脈々としてその地方の中心人物たちの心の底深く根を下ろして、その地方の改革の根本動力として働くのであります。

私は、真の教育の理想は、まさにかくのごとくでなければならぬと考えるものであります。同時にもし教育の真の目標が、かくのごとくでなければならぬと分かったならば、教育者もここに猛然として、自己をこの大任に耐え得るものとすべく、修業の一道に向かって、驀進《ばくしん》せずにはいられないはずであります。

――修身教授録

12月27日

第二の誕生

われわれが、現実を踏まえつつ日々の生活を、確かな足どりで踏みしめてゆくためには、これまで書物などで読んできた華やかな理論が、冷厳な現実によって、一度は消え去るような、深刻な経験を必要とするともいえましょう。しかもそれによって悲観したり、いわんや厭世観《えんせいかん》などに陥らないで「ここにこそ、真の現実があるのだ」と悟って、そこから改めて起ち上がれるようでなくてはならぬと思うのです。

すなわち書物の上に書かれている理論がどうであろうとも、これこそが、現在自分の立っている現実であり、したがって、それがいかにみすぼらしく、かつみじめであろうとも、いやしくもこれが現実である以上、「自分としてはこの地点から改めて一歩を踏み出すほかないんだ」と考えるような態度こそ大事だと思うのです。

そしてこのような態度の確立は、その人にとって、ある意味では、「第二の誕生」ともいえましょう。

――人生二度なし

12月
28日

精神的誕生

人は肉躰《にくたい》的には一度より誕生しないが、精神的には幾度も誕生する事ができる。
一日一日が、精神的な誕生でなくてはならぬ。

12月29日

心の置土産①

人間の言葉が真に力を持つのは、必ずしもその言葉自身が立派だからというのではなくて、その言葉を支えている背後の生活によるのであります。

してみると、人間は今やその位置を去らねばならなくなったからとて、その場の急ごしらえの言葉が、果たしてどの程度、置土産としての真価を持ち得るかということになりますと、はなはだ疑わしいと申さねばならぬでしょう。

そこで私思うのですが、人が真にその心の置土産となし得るものには、その人がその場所、その地位に置かれていた間、その全生活を貫いて歩んだその心の歩みこそ、否、それのみが、真に正真正銘の置土産となるのではないかと思うのです。

――修身教授録

12月30日

心の置土産②

今諸君らの生活が、真に深く、かつ内面的に大きかったならば、諸君らの精神は、必ずや後に来る人々のために、一種の置土産となることでしょう。さらにまた、私共のように教職にある者としては、その精神は、仮にその学校を去る時がありましても、もしその生活が真実であったならば、必ずや後に多少の余韻が残るようでなくてはなりますまい。

しかしながら、われわれ人間として最大の置土産は、何と言っても、この世を去った後に残る置土産だということを忘れてはならぬでしょう。実際私の考えでは、人間というものは、この点に対して心の眼が開けてこない限り、真実の生活は始まらぬと思うのです。

われわれが生涯をかけて、真に道を求めようとする態度は、実にこの一点に対して、心の眼が開きかけて来てからのことだと言ってもよいでしょう。と申すのも、われわれ人間の生活は、生きている間は、厳密には真の献身とは言いかねるとも言えましょう。それというのも、われわれは、少なくともこの肉体のある間は、これを養うために、多くの方々のお世話にならなければなりません。

——修身教授録

12月
31日

楽天知命

わが身にふりかかる一切の出来事は、実はこの大宇宙の秩序が、そのように運行するが故に、ここにそのようにわれわれに対して起きるのである。かくしてわが身にふりかかる一切の出来事は、その一つひとつが、神の思召《おぼしめし》であるという宗教的な言い現し方をしても、何ら差支えないわけです。すなわちこれは、道理の上からもはっきりと説けるわけです。

そこで、今私がここで諸君らに申そうとしているこの根本信念は、道理そのものとしては、きわめて簡単な事柄であります。すなわち、いやしくもわが身の上に起こる事柄は、そのすべてが、この私にとって絶対必然であると共に、またこの私にとっては、最善なはずだというわけです。

それ故われわれは、それに対して一切これを拒まず、一切これを却《しりぞ》けず、素直にその一切を受け入れて、そこに隠されている神の意志を読み取らねばならぬわけです。したがってそれはまた、自己に与えられた全運命を感謝して受け取って、天を恨まず人を咎《とが》めず、否、恨んだり咎めないばかりか、楽天《らくてん》知命《ちめい》、すなわち天命を信ずるが故に、天命を楽しむという境涯です。

――修身教授録

もろびとの思ひ知れかし己が身の
誕生の日は母苦難の日なりけり
―父母恩重経―
九十三才（満）
森 信三
マヒの右手もて

もろびとの思ひ知れかし己が身の
誕生の日は母苦難の日なりけり
―父母恩重経―
九十三才（満）
マヒの右手もて
森　信三

編集後記

その人の生前における真実の深さに比例して、その人の精神は死後にも残る――。

森信三先生が亡くなられて今年でちょうど三十年になりますが、この言葉の通り、森先生の精神は真摯《しんし》に道を求める人々の中で生き続け、いまなお多くの人の心を照らし続けています。

そしてそれらは「その人の生前における真実の深さ」、すなわち森先生ご自身の凄まじい人生体験から発せられた言葉であるからこそ、読む人の心を深く揺り動かす力を持つのだと思わずにいられません。

森先生は明治二十九年、愛知県知多郡に端山家三人兄弟の末っ子として誕生。端山家は地元の名家でしたが、父親の代に家運が傾き始め、両親の離婚により、三人兄弟の末っ子だった森先生は、二歳にして貧しい小作農だった森家に養子に出されることとなります。唯一救いだったのは、養父母が非常に大事に先生を育ててくれたことで、先生は終生、養父母に感謝し続け、その話をする時は必ず目に涙を浮かべておられたほどでした。

とはいえ森家は経済的に貧しく、そのため先生は小学校を首席で卒業するも中学受験を断念せざるを得ず、母校の給仕を務めることとなります。そして学費が免除される愛知第一師範へ入学、二十一歳で卒業、周囲のすすめもあり二十三歳で広島高等師範に進学、二十七歳で卒業。二十八歳で京都大学哲学科に入学し、大学院で五年間学び、これも見事首席で卒業します。

しかし抜群の学業成績の甲斐もなく、京都で職に就けぬどころか、母校の広島高師にも迎えられず、大阪の郊外に移り住んだ森先生は「天地の間にただ一人立つ」の感慨にむせんだといいます。

そうして、大阪の天王寺師範にようやく専任教師としての職を得ることになりました。実はこの時に行われた授業の記録こそが、名著の誉《ほま》れ高い『修身教授録』であり、『森信三訓言集』です。本書にも「人間というものは、どうも何処かで阻まれないと、その人の真の力量は出ないもののようです」という言葉が紹介されていますが、とりわけ大きな逆境の中で生み出された二書からの抜粋が、本書には多いことに深い感慨を覚えます。

私が森信三先生と初めてお会いしたのは昭和六十年九月十九日のことです。以来三十七年の歳月が流れますが、生前のみならず没後も含め、森先生の人格と教えの余光に照らされて今日まで歩ませていただいたことは僥倖《ぎょうこう》という他ありません。

その感謝を込め、没後三十年を記念し、先生の膨大な著作の中から三百六十五語を精選、ここに本書を発刊させていただきます。

「満身総身《そうみ》に、縦横無尽に受けた人生の切り創《きず》を通してつかまれた真理でなければ、真の力とはなり難い」と森先生は言われていますが、本書に収められた言葉はすべて、先生がその人生の切り創を通してつかまれた言葉です。

人生を生きることはいつの時代も平坦ではありません。その平坦ではない人生を生きる上で、本書に収めた言葉がまさに運命をひらく金言として読者の皆様の心の糧となり、人生の指針となることを願ってやみません。

令和四年十月

藤尾秀昭

索引

1月

1日 真の覚悟 森信三一日一語――10
2日 わが信条 森信三全集 第二十五巻――11
3日 学問の根本眼目 修身教授録――12
4日 真の志 修身教授録――13
5日 天賦の特質 全一学ノート――14
6日 生き甲斐 森信三小伝――15
7日 人生二度なし 10代のための人間学――16
8日 人生正味三十年 修身教授録――17
9日 人生の二大根本真理 10代のための人間学――18
10日 一日の大安眠を得る途 修身教授録――19
11日 人間形成の三大要素 修身教授録――20
12日 十年一道を歩む 森信三訓言集――21
13日 人生の出発点 修身教授録――22
14日 死生を超える道 修身教授録――23
15日 逆境に処する態度 若き友への人生論――24
16日 教えの力 修身教授録――25
17日 真の教育 森信三訓言集――26
18日 人生を突走る覚悟 修身教授録――27
19日 あいさつは自分から 人生二度なし――28
20日 長の心得 致知（1988年5月号）――29
21日 時間と人生 人生二度なし――30
22日 人間の真の偉さ 修身教授録――31
23日 一日読まざれば一日衰える 修身教授録――32
24日 閃く言葉 下学雑話――33
25日 主体を立てる 森信三一日一語――34
26日 「ハイ」に全人格をこめる 女性のための「修身教授録」――35
27日 師を持つ 女人開眼抄――36
28日 心の師 修身教授録――37
29日 立腰 致知（1985年11月号）――38
30日 道の継承 森信三一日一語――39
31日 出逢い 森信三一日一語――40

2月

1日 苦労をしなさい 森信三訓言集――42
2日 黄金のカギ 10代のための人間学――43
3日 中心に動かぬものを置く 森信三訓言集――44
4日 試練の意義 10代のための人間学――45
5日 情熱の出どころ 致知（1986年7月号）――46

6日 貫く 森信三一日一語 47
7日 真の愛情 家庭教育の心得21 48
8日 幼児教育 人生論としての読書論 49
9日 自己を鍛える① 修身教授録 50
10日 自己を鍛える② 修身教授録 51
11日 日本民族 修身教授録 52
12日 視線 森信三一日一語 53
13日 真の学問のエネルギー 続・修身教授録 54
14日 信と証 修身教授録 55
15日 自覚と自棄 下学雑話 56
16日 自分を律するものは自分 10代のための人間学 57
17日 逆境 父親のための人間学 58
18日 運命超克 父親のための人間学 59
19日 坑道を切り開く意志 修身教授録 60
20日 一日の充実を図る術 修身教授録 61
21日 真の道徳修養 修身教授録 62
22日 世の中は正直 森信三訓言集 63
23日 自己をつくるもの 修身教授録 64
24日 話を聞く態度 修身教授録 65
25日 人生を深く生きる 修身教授録 66
26日 人生の深浅を決めるもの 修身教授録 67
27日 志とは 修身教授録 68
28日 ひたむきに進む 下学雑話 69

3月

1日 教育の本質 修身教授録 72
2日 教育の志 森信三訓言集 73
3日 欲を捨てる 修身教授録 74
4日 真の学問の道 森信三訓言集 75
5日 「真の面目」を発揮する 修身教授録 76
6日 生温い生き方 修身教授録 77
7日 夫婦のあり方 家庭教育の心得21 78
8日 女性の責任 家庭教育の心得21 79
9日 生命力の弱い人 修身教授録 80
10日 素質の鍛え方 幻の講話 81
11日 仕事の計画 若き友への人生論 82
12日 一日を終わる覚悟 修身教授録 83
13日 悲観は大禁物 女性のための「修身教授録」 84
14日 やけ 10代のための人間学 85
15日 天秤のかごの前とうしろ 若き友への人生論 86
16日 金の苦労の足りない人 現代における孝の哲理 87
17日 最善の人生態度 修身教授録 88
18日 秘匿の恩寵 父親のための人間学 89
19日 成長への決心と覚悟 人生二度なし 90

20日　己を尽くす　致知（1985年11月号）――91
21日　バランスをくずさぬ事　不尽片言――92
22日　提出期限心得　下学雑話――93
23日　教師の心眼　下学雑話――94
24日　修身教授　下学雑話――95
25日　職業の三大意義　父親のための人間学――96
26日　人生の真の幸福　人生論としての読書論――97
27日　人生は短距離競走　修身教授録――98
28日　教育者としての再生　続・修身教授録――99
29日　干からびて来る人　修身教授録――100
30日　卒業後の読書　人生論としての読書論――101
31日　人生の先決問題　森信三一日一語――102

4月

1日　人身うけがたし　修身教授録――104
2日　ローソクを燃やし尽くす　修身教授録――105
3日　人生の真のスタート　修身教授録――106
4日　修業時代　修身教授録――107
5日　人生と立志　修身教授録――108
6日　正師を求めよ　下学雑話――109
7日　私が信じるもの①　不尽片言――110
8日　私が信じるもの②　不尽片言――111
9日　人間生まれ変わるには　森信三全集 第二十四巻「腰骨を立てる教育」――112
10日　時間の無駄をしない　修身教授録――113
11日　生き方の種まき　真理は現実のただ中にあり――114
12日　幸福のための三カ条　女人開眼抄――115
13日　自修の人　修身教授録――116
14日　自修の決心　修身教授録――117
15日　三つの段階　修身教授録――118
16日　下坐行　修身教授録――119
17日　巨人の歩んだ足跡　続・修身教授録――120
18日　伝記を読まねばならぬ時期　修身教授録――121
19日　本との縁づくり　修身教授録――122
20日　自己を築くこつと道具　修身教授録――123
21日　天の命あり　若き友への人生論――124
22日　因果を超える二つの途　不尽片言――125
23日　絶対観　下学雑話――126
24日　比較を絶つ　下学雑話――127
25日　実践の第一の秘訣　人生二度なし――128
26日　即実行　下学雑話――129
27日　人事の三原則　致知（1985年5月号）――130
28日　トップの姿勢　致知（1985年2月号）――131
29日　仕事と睡眠　不尽片言――132
30日　休息　森信三一日一語――133

5月

1日 天分を発揮するには ① 修身教授録 136
2日 天分を発揮するには ② 修身教授録 137
3日 「生」のスタートの秘義 現代における孝の哲理 138
4日 ひそかなる決意 続・修身教授録 139
5日 逆境を順境に 森信三訓言集 140
6日 やり抜けば火が点る 森信三訓言集 141
7日 しつけの三原則 致知（1985年11月号） 142
8日 親子の絶対的関係 現代における孝の哲理 143
9日 親はなぜ大切か 修身教授録 144
10日 親の恩 下学雑話 145
11日 職業即天職 人生論としての読書論 146
12日 仕事に取り組む態度と方法論 父親のための人間学 147
13日 すぐにその場で 不尽片言 148
14日 雑事雑用 致知（1985年11月号） 149
15日 この世を愉快に過ごす 修身教授録 150
16日 人間の一生の象徴 若き友への人生論 151
17日 人生の師 全世代に贈る新たなる「人間の学」 152
18日 人間的甘さ 全世代に贈る新たなる「人間の学」 153
19日 本物の決心覚悟 ① 修身教授録 154
20日 本物の決心覚悟 ② 修身教授録 155
21日 心のバロメーター 修身教授録 156
22日 真の読書 修身教授録 157
23日 よく仕える人にして 修身教授録 158
24日 目下の人に対する心得 修身教授録 159
25日 上下関係の心得 修身教授録 160
26日 礼 修身教授録 161
27日 階段を昇る時の工夫 修身教授録 162
28日 心の準備 修身教授録 163
29日 大差を生ず 下学雑話 164
30日 人を知る五つの視点 修身教授録 165
31日 人間の花を咲かせる 森信三訓言集 166

6月

1日 生涯自己陶冶 現代における孝の哲理 168
2日 不幸が教えるもの 女性のための「修身教授録」 169
3日 人生の中間目標を定める 森信三訓言集 170
4日 勝縁 下学雑話 171
5日 情熱と意志力 修身教授録 172
6日 感激家たれ 修身教授録 173
7日 読書の三大部門 父親のための人間学 174

8日 人間の修養 森信三訓言集 175
9日 人生の基礎的修練 若き友への人生論 176
10日 信念の力 続・修身教授録 177
11日 恋愛と結婚 人生二度なし 178
12日 人間形成の三大条件 現代における孝の哲理 179
13日 天職に徹する 森信三一日一語 180
14日 個性発揮の道 父親のための人間学 181
15日 梅雨 女人開眼抄 182
16日 神は公平そのもの 修身教授録 183
17日 逆境の心得 下学雑話 184
18日 好悪の感情を交えず 修身教授録 185
19日 天地は最上の書籍 森信三訓言集 186
20日 リズム 森信三訓言集 187
21日 優劣の差 不尽精典 188
22日 人を大成せしめるもの 修身教授録 189
23日 仕事の優先順位 修身教授録 190
24日 とにかく手をつける 修身教授録 191
25日 拙速主義 修身教授録 192
26日 態度はどうか 修身教授録 193
27日 おめでたさを削りとる 修身教授録 194
28日 態度二様 下学雑話 195
29日 真理をつかむ 森信三一日一語 196
30日 短歌① 森信三一日一語、森信三全集 197

7月

1日 一天地を開く 森信三訓言集 200
2日 偉人の力の源泉 修身教授録 201
3日 一生の縮図 真理は現実のただ中にあり 202
4日 やり遂げる 女人開眼抄 203
5日 「忍」の境地 修身教授録 204
6日 学問の基盤 森信三全集 第二十五巻「自伝」 205
7日 志を実現するには① 続・修身教授録 206
8日 志を実現するには② 続・修身教授録 207
9日 弱さと悪と愚かさ 森信三一日一語 208
10日 智慧の生まれる処 森信三一日一語 209
11日 大いなる力 修身教授録 210
12日 至上の箴言 若き友への人生論 211
13日 冴え 森信三訓言集 212
14日 生命の閃き 人生二度なし 213
15日 人生の意義を即答できるか 人生二度なし 214
16日 生涯をつらぬくもの 続・修身教授録 215
17日 優れた恩師の態度 修身教授録 216
18日 一箇の天真 修身教授録 217
19日 自発的読書 修身教授録 218
20日 読書心得 下学雑話 219
21日 腐敗せぬ書物を選ぶ 森信三訓言集 220

22日 血肉となる学び 森信三訓言集 221
23日 内なる精神 修身教授録 222
24日 偉人に対する三通りの態度 森信三訓言集 223
25日 順逆を越える 修身教授録 224
26日 荒修行の時期 森信三訓言集 225
27日 安心立命 下学雑話 226
28日 下学して上達すべし 下学雑話 227
29日 正真正銘の置土産 修身教授録 228
30日 仕事に没入 下学雑話 229
31日 報謝 致知（1987年1月号） 230

8月

1日 花火と準備 修身教授録 232
2日 一心決定 下学雑話 233
3日 朽ち果てる者の道理 修身教授録 234
4日 全力を傾け切ることの意義 修身教授録 235
5日 男盛りの十年間をどう過ごすか 父親のための人間学 236
6日 捨石を打つ 森信三訓言集 237
7日 気品と働き 女人開眼抄 238
8日 性欲を慎む 修身教授録 239
9日 家庭教育 家庭教育の心得21 240
10日 父親を立てる 家庭教育の心得21 241
11日 生き方の根本信条 現代における孝の哲理 242
12日 仕事に専念すべし 下学雑話 243
13日 仕事を果たす最大の秘訣 修身教授録 244
14日 「一気呵成」の工夫 修身教授録 245
15日 馬鹿になり切る 下学雑話 246
16日 牛にひかれて 下学雑話 247
17日 人間としての生をうけ 修身教授録 248
18日 偉大な生命力 修身教授録 249
19日 真の誠 修身教授録 250
20日 死後の精神 修身教授録 251
21日 天地人生の深意 森信三訓言集 252
22日 動的調和の本質 森信三全集 第一巻「創造の形而上学」 253
23日 義務を先にして娯楽を後にせよ 全世代に贈る新たなる「人間の学」 254
24日 義務 人生論としての読書論 255
25日 働きは一倍半、報酬は二割減 修身教授録 256
26日 報いを求めぬ境涯 女性のための「修身教授録」 257
27日 言葉の響き 森信三訓言集 258
28日 尊敬と進歩 森信三訓言集 259
29日 選師 下学雑話 260
30日 敬師 下学雑話 261
31日 銘 森信三全集 第二十五巻 262

9月

1日　天知る地知るわれ知る　父親のための人間学　264
2日　カベの存在　森信三訓言集　265
3日　生の充実　若き友への人生論　266
4日　人生の意義の究明　若き友への人生論　267
5日　正しい道を知る叡智　修身教授録　268
6日　人と禽獣との違い　修身教授録　269
7日　なぜ人間に心があるか　女性のための「修身教授録」　270
8日　人間の自由と責任　女性のための「修身教授録」　271
9日　生命の貴さ　修身教授録　272
10日　野心と志の区別　修身教授録　273
11日　乃木将軍一　下学雑話　274
12日　乃木将軍二　下学雑話　275
13日　学問とは　下学雑話　276
14日　研究十年　下学雑話　277
15日　敬　修身教授録　278
16日　敬を欠く者　修身教授録　279
17日　一生の見直し　修身教授録　280
18日　人生の原点に戻るべき年代　父親のための人間学　281
19日　いのちの尊厳　現代における孝の哲理　282
20日　運命共同体　現代における孝の哲理　283
21日　いのちの根本原則　父親のための人間学　284
22日　繁栄律　父親のための人間学　285
23日　人格的甦生の第一歩　修身教授録　286
24日　将来の飛躍への原動力　修身教授録　287
25日　仕事の処理　修身教授録　288
26日　仕事のコツ　修身教授録　289
27日　漏さぬ工夫　下学雑話　290
28日　口の慎み　下学雑話　291
29日　真の大望　修身教授録　292
30日　短歌②　森信三一日一語　293

10月

1日　人間の真価　修身教授録　296
2日　仏の彫刻、悪魔の彫刻　女性のための「修身教授録」　297
3日　確実な真理　若き友への人生論　298
4日　死後の生命　不尽精典　299
5日　人生の妙味　続・修身教授録　300
6日　甘い考え　続・修身教授録　301
7日　真の謙遜　修身教授録　302
8日　真に畏るべき人　修身教授録　303
9日　自分を化石化する人　修身教授録　304

10日 尊敬するということ 修身教授録──305
11日 人間のお日出たさとするどさ 修身教授録──306
12日 出処進退の問題 修身教授録──307
13日 批評的態度 修身教授録──308
14日 大馬鹿に陥る危険 修身教授録──309
15日 自己を鍛える最上の場所 女性のための「修身教授録」──310
16日 あらゆる悩みの「因」 現代における孝の哲理──311
17日 真に強くなるには 続・修身教授録──312
18日 読書 父親のための人間学──313
19日 いのちの宝庫 女人開眼抄──314
20日 進歩の三段階のプロセス 女人開眼抄──315
21日 人生の峠路 修身教授録──316
22日 人生五十年の計 人生二度なし──317
23日 一体となる 森信三訓言集──318
24日 片手間仕事 森信三訓言集──319
25日 「人間の生命」に値する生き方 全世代に贈る新たなる「人間の学」──320
26日 人間として大事な二か条 全世代に贈る新たなる「人間の学」──321
27日 人生の幸福 全世代に贈る新たなる「人間の学」──322
28日 表裏両面の調和 全世代に贈る新たなる「人間の学」──323
29日 求道 森信三一日一語──324
30日 求道の出発点 森信三一日一語──325
31日 神の授け 森信三一日一語──326

11月

1日 裸一貫の生涯 人生二度なし──328
2日 人生の価値と意義 修身教授録──329
3日 心清らかなる人 女性のための「修身教授録」──330
4日 人間の真のねうち 女性のための「修身教授録」──331
5日 人間の気品 女性のための「修身教授録」──332
6日 人生は大マラソン 森信三訓言集──333
7日 脚下の実践 父親のための人間学──334
8日 俊敏 致知（1985年11月号）──335
9日 神の目で見る 真理は現実のただ中にあり──336
10日 真の達人 一語一会──337
11日 読書の時期 人生論としての読書論──338
12日 人生と読書 人生論としての読書論──339
13日 実行の心がけ 修身教授録──340
14日 実践家と読書家 修身教授録──341
15日 最大の公案 下学雑話──342
16日 活殺自在にして 下学雑話──343
17日 独自の任務と使命 修身教授録──344
18日 真に偉大な人格 修身教授録──345
19日 自分の道を開くもの 修身教授録──346
20日 忘恩の徒 修身教授録──347

21日 師への最高の報恩 修身教授録 348
22日 師の屍を越えてゆく 森信三訓言集 349
23日 老木の趣 修身教授録 350
24日 黒板をキレイに 森信三全集 第二十五巻「自伝」 351
25日 時計を見ないで寝る 修身教授録 352
26日 寒暑を気にしない 修身教授録 353
27日 死は汝の側にあり 森信三訓言集 354
28日 真価を問われる時 森信三一日一語 355
29日 教育とは大事業 森信三小伝 356
30日 生き方の秘訣 森信三一日一語 357

12月

1日 人生の晩年 若き友への人生論 360
2日 人生の深さ 修身教授録 361
3日 人生の秘訣 続・修身教授録 362
4日 ネウチ 女人開眼抄 363
5日 和顔と愛語 若き友への人生論 364
6日 学問の到達点 女性のための「修身教授録」 365
7日 弾力 下学雑話 366
8日 若い人から学ぶ 真理は現実のただ中にあり 367
9日 真の「誠」への歩み① 修身教授録 368
10日 真の「誠」への歩み② 修身教授録 369
11日 人生の総決算 森信三訓言集 370
12日 念々死を覚悟する 父親のための人間学 371
13日 死生観 続・修身教授録 372
14日 生死一如 修身教授録 373
15日 久遠の希望 修身教授録 374
16日 負けるが勝ち 下学雑話 375
17日 われらの心臓 森信三一日一語 376
18日 運命 森信三訓言集 377
19日 唯一独自の任務 修身教授録 378
20日 分の自覚 下学雑話 379
21日 仕事成就の要諦 修身教授録 380
22日 最後の勝利者 森信三一日一語 381
23日 人生を見通す見識 修身教授録 382
24日 自らの生命を捧げる 修身教授録 383
25日 人を植える道 修身教授録 384
26日 真の教育の理想 修身教授録 385
27日 第二の誕生 人生二度なし 386
28日 精神的誕生 森信三訓言集 387
29日 心の置土産① 修身教授録 388
30日 心の置土産② 修身教授録 389
31日 楽天知命 修身教授録 390

出典一覧

『下学雑話』森信三・著（致知出版社）
『家庭教育の心得21』森信三・著（致知出版社）
『修身教授録』森信三・著（致知出版社）
『10代のための人間学』森信三・著（致知出版社）
『女性のための修身教授録』森信三・著（致知出版社）
『新輯 森信三全集 第一巻』森信三・著（致知出版社）
『人生二度なし』森信三・著（致知出版社）
『人生論としての読書論』森信三・著（致知出版社）
『真理は現実のただ中にあり』森信三・著（致知出版社）
『父親のための人間学』森信三・著（致知出版社）
『続・修身教授録』森信三・著（致知出版社）
『女人開眼抄』森信三・著（致知出版社）
『幻の講話』森信三・著（致知出版社）
『森信三訓言集』森信三・著（致知出版社）
『森信三一日一語』寺田一清・編（致知出版社）
『森信三小伝』寺田一清・編著（致知出版社）
『若き友への人生論』森信三・講述／寺田一清・編（致知出版社）

月刊『致知』一九八五年二月号（致知出版社）
月刊『致知』一九八五年十一月号（致知出版社）
月刊『致知』一九八六年七月号（致知出版社）
月刊『致知』一九八七年一月号（致知出版社）
月刊『致知』一九八八年五月号（致知出版社）
「一語一会」寺田一清・編（登龍館）
『現代における孝の哲理』森信三・講述／寺田一清・編（登龍館）
『全一学ノート』寺田一清・編（登龍館）
『不尽精典』森信三・著（実践人の家）
『不尽片言』（登龍館）
『森信三全集 第一巻』森信三・著（実践社）
『森信三全集 第二十四巻』森信三・著（実践社）
『森信三全集 第二十五巻』森信三・著（実践社）

〈著者略歴〉

森　信三

明治29年愛知県生まれ。大正12年京都大学哲学科に入学し、主任教授・西田幾多郎の教えを受ける。卒業後、同大学大学院に籍を置きつつ、天王寺師範学校の専攻科講師となる。昭和14年、旧満州の建国大学に赴任。敗戦により新京脱出。21年6月無事生還。28年、神戸大学教育学部教授に就任。35年神戸大学退官。40年神戸海星女子学院大学教授に就任。50年「実践人の家」建設。平成4年逝去。「国民教育の師父」と謳われ、現在も多くの人々に感化を与え続けている。

著書は『修身教授録』『続・修身教授録』『女性のための修身教授録』『修身教授録一日一言』『幻の講話』『真理は現実のただ中にあり』『人生二度なし』『森信三 教師のための一日一言』『家庭教育の心得21』『女性のための「修身教授録」』『森信三一日一語』『人生論としての読書論』『10代のための人間学』『父親のための人間学』『森信三訓言集』『理想の小学教師像』『若き友への人生論』（いずれも致知出版社）など多数。

〈編者略歴〉

藤尾秀昭

昭和53年の創刊以来、月刊誌『致知』の編集に携わる。54年に編集長に就任。平成4年に致知出版社代表取締役社長に就任。現在、代表取締役社長兼編集長。『致知』は「人間学」をテーマに一貫した編集方針を貫いてきた雑誌で、平成30年、創刊40年を迎えた。有名無名を問わず、「一隅を照らす人々」に照準をあてた編集は、オンリーワンの雑誌として注目を集めている。

主な著書に『小さな人生論1～5』『小さな修養論1～5』『心に響く小さな5つの物語Ⅰ～Ⅲ』『小さな経営論』『プロの条件』『はじめて読む人のための人間学』『二度とない人生をどう生きるか』『人生の法則』『人間における運とツキの法則』（いずれも致知出版社）などがある。

森信三 運命をひらく365の金言

2022年11月21日　第1刷発行

著　者　森　信三
編　者　藤尾秀昭
発行者　藤尾秀昭
発行所　致知出版社
〒150-0001　東京都渋谷区神宮前4-24-9
電話　03-3796-2111

WEBサイト　https://www.chichi.co.jp
Eメール　books@chichi.co.jp

印刷・製本　中央精版印刷
装幀・本文デザイン　秦 浩司
編集協力　柏木孝之

ISBN978-4-8009-1272-5 C0095